INTRODUÇÃO AO PROCESSO DE RENDERIZAÇÃO

 Os livros dedicados à área de Design têm projetos que reproduzem o visual de movimentos históricos. Neste módulo, as aberturas de partes e capítulos fazem referência aos letreiros do cinema mudo e às aberturas e aos encerramentos dos desenhos animados que lotaram as salas de exibição na primeira metade do século XX.

INTRODUÇÃO AO PROCESSO DE RENDERIZAÇÃO

Leandro da Conceição Cardoso

 Rua Clara Vendramin, 58 . Mossunguê . CEP 81200-170 . Curitiba . PR . Brasil
Fone: (41) 2106-4170 . www.intersaberes.com . editora@intersaberes.com

Conselho editorial
Dr. Alexandre Coutinho Pagliarini
Drª. Elena Godoy
Dr. Neri dos Santos
Mª. Maria Lúcia Prado Sabatella

Editora-chefe
Lindsay Azambuja

Gerente editorial
Ariadne Nunes Wenger

Assistente editorial
Daniela Viroli Pereira Pinto

Edição de texto
Natasha Saboredo
Millefoglie Serviços de Edição
Camila Rosa

Capa
Charles L. da Silva (*design*)
Krasovski Dmitri/Shutterstock (imagem)

Projeto gráfico
Bruno Palma e Silva

Diagramação
Regiane Rosa

Equipe de *design*
Charles L. da Silva

Iconografia
Regina Claudia Cruz Prestes

Dados Internacionais de Catalogação na Publicação (CIP)
(Câmara Brasileira do Livro, SP, Brasil)

Cardoso, Leandro da Conceição
   Introdução ao processo de renderização / Leandro da Conceição Cardoso. --
Curitiba, PR : Editora Intersaberes, 2023.

   Bibliografia.
   ISBN 978-65-5517-037-5

   1. Animação por computador 2. Computação gráfica I. Título.

22-140577   CDD-006.693

Índices para catálogo sistemático:
1. Renderização : Computação gráfica   006.693

Eliete Marques da Silva – Bibliotecária – CRB-8/9380

1ª edição, 2023.
Foi feito o depósito legal.
Informamos que é de inteira responsabilidade do autor a emissão de conceitos.
Nenhuma parte desta publicação poderá ser reproduzida por qualquer meio
ou forma sem a prévia autorização da Editora InterSaberes.
A violação dos direitos autorais é crime estabelecido na Lei n. 9.610/1998
e punido pelo art. 184 do Código Penal.

SUMÁRIO

Apresentação 8

1 **Renderização** 14
 1.1 Métodos de rastreio: *scanliner, raytracing* e *pathtracing* 19
 1.2 *Renders engines* 24
 1.3 *Shading* (sombreamento) 28
 1.4 *Shaders* 31
 1.5 Iluminação indireta e transporte de luz 35
 1.6 Projeção de sombras 36
 1.7 Planos de projeção 38

2 **Desenvolvimento de materiais** 48
 2.1 A importância do desenvolvimento de materiais 49
 2.2 *Physically based rendering* (PBR) 50
 2.3 *Shaders* e materiais 56
 2.4 *Non-Photorealistic Rendering* (NPR) 67
 2.5 Mapeamento por imagens 69
 2.6 *Scans* 82
 2.7 Texturas procedurais 83

3 **Fotografia e iluminação** 90

  3.1 Direção de fotografia 92

  3.2 Breve história da fotografia 94

  3.3 Câmera fotográfica 97

  3.4 Técnica fotográfica 99

  3.5 Lentes e objetivas 106

  3.6 Fotografia e renderização 109

  3.7 Cores 110

  3.8 Composição visual e enquadramento 111

  3.9 Iluminação 118

4 **Imagem digital e suas particularidades** 130

  4.1 Estrutura e modos de cor das imagens digitais 131

  4.2 Resolução de imagem 136

  4.3 Principais formatos digitais de imagem e de vídeo 140

  4.4 Particularidades das imagens digitais e aplicações 153

5 **Otimização do processo de renderização** 168

  5.1 Adequação da renderização ao estilo da animação produzida 169

  5.2 Configuração de *samplings* (amostragens) 178

  5.3 Aplicação de correções 185

  5.4 *Baking* de texturas e de mapas e iluminação 192

6 **Recursos tecnológicos** 204
   6.1 Programas de renderização 205
   6.2 O uso de *render farms* 211
   6.3 Preparação do *render* para pós-produção 215
   6.4 *Compositing* (composição) 225
   6.5 O uso de *passes* e de separação de canais 227

Considerações finais 236
Referências 240
Sobre o autor 244

APRESENTAÇÃO

Neste livro, trataremos da etapa da computação gráfica conhecida como *renderização*, ou síntese de imagem. É o estágio final no processo de produção de gráficos de computador 3D – isto é, a conversão de todas as etapas de desenvolvimento de uma animação digital (modelagem, animação e *rigging*; desenvolvimento dos materiais; iluminação etc.) em imagem ou vídeo.

Uma bela ilustração na capa de um livro, um ambiente sofisticado e aconchegante em um catálogo de compras, uma incrível animação a que você acabou de assistir e aquele *videogame* no qual você está de olho: se foram feitos em 3D, foram renderizados para se alcançar a qualidade final.

Supomos que estudantes do processo de renderização tenham um conhecimento prévio dos tópicos essenciais ligados à computação gráfica e à modelagem em 3D. Não obstante, em alguns momentos, faremos algumas recapitulações de conteúdo para reforçar o entendimento de alguns conceitos. Quanto à terminologia, adotaremos, tanto quanto possível, em equilíbrio entre os termos recorrentes usados no mercado (geralmente, palavras em inglês) e as definições mais acadêmicas. Para isso, sempre que conveniente, apresentaremos a explicação e a tradução de alguns termos.

Com relação às referências técnicas e aos exemplos práticos, adotaremos como parâmetro alguns *softwares*, como o Blender 3D[1]. Em acréscimo, enfocaremos conceitos e técnicas envolvidos nas operações apresentadas, detendo-nos nas terminologias técnicas e oferecendo referências de possíveis variações de nomenclatura.

---

[1] Blender 3D é uma suíte de criação gratuita e de código aberto mantida e desenvolvida pela Blender Foundation, com sede em Amsterdã, Holanda.

No Capítulo 1, introduziremos o processo de renderização: seu funcionamento, os diversos processos e tecnologias (*scanliner*, *raytracer*, *pathtracer* etc.) envolvidos. Também trataremos da geometria que compõe o processo, contemplando projeções planares, tanto a perspectiva quanto a ortogonal. Já no Capítulo 2 abordaremos o desenvolvimento de *shaders*, os diversos tipos de materiais e o uso de texturas, mapas e *scans*.

No Capítulo 3, descreveremos os princípios da fotografia e da iluminação. Demonstraremos conceitos básicos que sustentam a técnica fotográfica: distorções e efeitos óticos; enquadramento, posição e movimentos de câmera; introdução à iluminação e tipos de luz; *setups* de iluminação de estúdio e iluminação global; uso de imagens HDR e de alguns recursos, como *ambient occlusion*, profundidade de campo etc.

No Capítulo 4, exploraremos a imagem digital e suas particularidades: estrutura e modos de cor e de resolução de imagem; e principais formatos digitais de imagem e de vídeo, suas especificidades e aplicações.

No Capítulo 5, explicaremos como otimizar o processo de renderização. Voltaremos nossa atenção à necessidade de adequar a renderização ao estilo da animação produzida, à configuração de *samplings* (amostragens) e à aplicação de correções, como *denoiser e motion blur*, *adaptive sampling*, *baking* de texturas e mapas, e iluminação.

Por fim, no Capítulo 6, comentaremos sobre alguns recursos tecnológicos, considerando uma lista dos programas de renderização. Detalharemos, então, o uso de *render farms*, a preparação do *render* para pós-produção e para *compositing* (composição), do uso de passes e da separação dos canais.

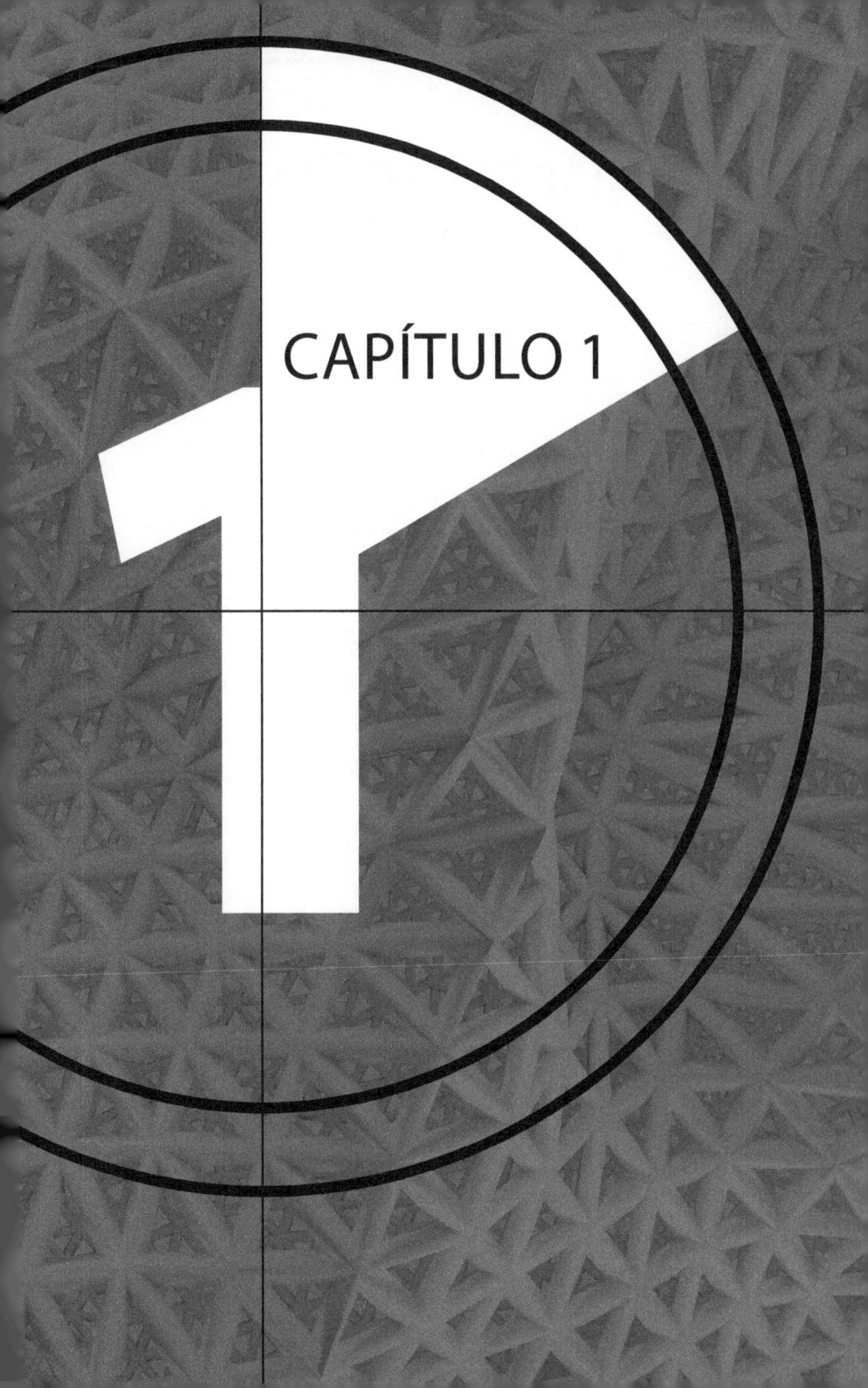

RENDERIZAÇÃO

À primeira vista, o processo de renderização é muito simples. É muito parecido com o ato de fotografar, em que se tem em cena um ou mais elementos posicionados, uma câmera e uma fonte de luz. Ao acionar a câmera (o termo correto é *exposição*), a luz do ambiente atinge o sensor da câmera através das lentes, capturando a imagem. Em uma fração de segundos, todo o ambiente tridimensional – na verdade, seus fragmentos de luz que são rebatidos nos objetos (ou sua imagem) – é projetado em um plano bidimensional.

Figura 1.1 – **Exemplo de modelagem de uma casa após a renderização**

Parece um processo simples, mas há duas questões que temos de esclarecer. Ambas interessam ao **animador digital**:

1. Como a computação gráfica sintetiza a imagem, ao simular todos os detalhes do fenômeno ótico de uma forma, que é, muitas vezes, bem próxima do processo fotográfico?

2. Quais técnicas o animador precisa dominar para criar *renders* com a mesma qualidade?

Do ponto de vista da geometria, um sistema de coordenadas 3D é mapeado em um sistema 2D – uma operação de projeção. Contudo, deixemos a geometria de lado por enquanto. Voltaremos a falar de projeções mais adiante.

O exemplo dado, embora seja simples, já apresenta todos os elementos com os quais um animador tem de lidar ao renderizar suas imagens. Os dois principais elementos do processo, a câmera e a fonte de luz[1], à primeira vista, parecem ter uma importância secundária na composição da cena; porém, sem eles, não haveria cena alguma. Sem a presença de um desses elementos, o processo de renderização fica impossibilitado. Sem a câmera, não há como receber a projeção dos raios luminosos refletidos no ambiente; sem a fonte de luz, resta somente escuridão.

Na verdade, a **câmera** apresenta duas propriedades fundamentais para o processo de renderização:

1. fornece uma localização no espaço, um ponto de vista sem o qual o computador não conseguiria realizar os cálculos necessários para projetar corretamente todo o sistema de coordenadas envolvidos; e
2. determina as proporções do plano 2D que recebe a projeção, formando a imagem.

---

[1] Os principais *softwares* de modelagem em 3D disponibilizam esses dois tipos de elementos em seu portfólio de objetos paramétricos, com opções que variam desde um simples ponto de luz omnidirecional até simulações do Sol. Portanto, ambos os elementos são amplamente configuráveis.

Figura 1.2 – **Posições da fonte luminosa**

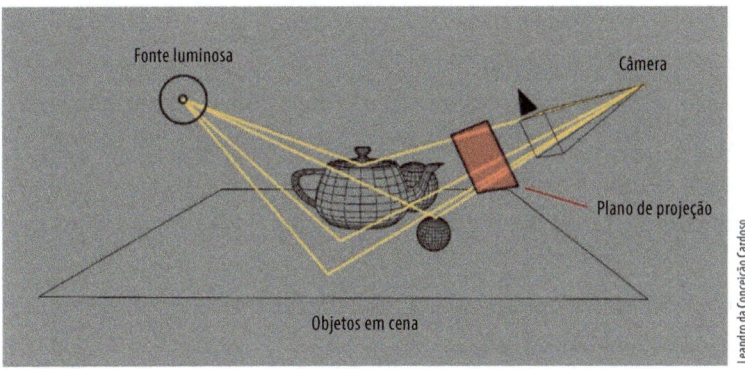

Do ponto de vista da fotografia, o posicionamento de câmera determina o enquadramento da composição e as proporções do plano de projeção (o equivalente ao sensor digital em uma câmera real), definindo o formato do *frame*.

O *aspect ratio* define o formato final da imagem, a proporção da tela (sua relação altura *versus* largura). Na indústria do entretenimento, alguns formatos são padronizados, como o 16:9 *(wildscreen)*.

A **fonte de luz**, assim como a câmera, também fornece ao sistema uma coordenada espacial, determinando a origem, a direção dos raios luminosos e as trajetórias e os rebatimentos no ambiente e nos modelos instanciados[2].

---

2   As propriedades da fonte luminosa (intensidade, temperatura, posição) também interferem no resultado do *render*, alterando as cores do objeto e/ou a luminosidade final da imagem. Retomaremos esse tema quando abordarmos princípios fotográficos e iluminação.

O terceiro elemento é o conjunto de **objetos de cena**, que apresenta formas, cores e propriedades materiais próprias (brilho, opacidade, transparência, textura etc.), algo que, além de modificar a direção dos raios luminosos, altera suas qualidades iniciais: absorve e reflete parte dos raios e refrata outra, produzindo áreas de luz e de sombra. A presença de objetos na cena cria dois tipos de raios luminosos: os diretos e os rebatidos, o que possibilita que objetos próximos se reflitam mutuamente.

Figura 1.3 – **À esquerda, projeção do ponto de vista da câmera; à direita, um rápido *render* da cena**

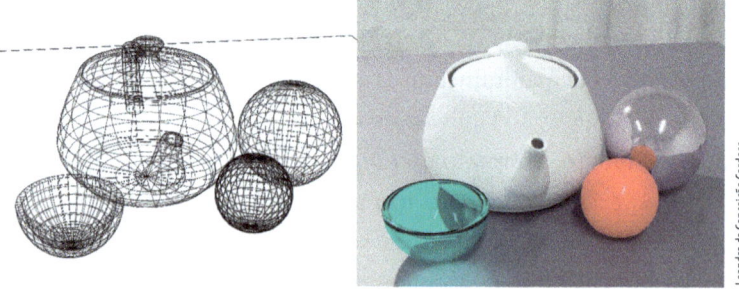

Assim, de maneira similar à da fotografia, no processo de projeção, a partir do ponto de vista da câmera, o computador calcula e interpreta toda a luz no ambiente gerada pela fonte luminosa e as variações criadas pelos modelos instanciados (combinando *shapes* e *shaders*, formas e materiais), sintetizando a imagem final *pixel* por *pixel*.

> **O que é?**
> *Shaders* são conjuntos de informações que definem as qualidades de um material, a maneira como essas informações serão processadas e sua interação com o *render*. Retomaremos o tema mais adiante e no Capítulo 2.

1.1 Métodos de rastreio: *scanliner, raytracing* e *pathtracing*

Existem métodos de sintetização, como *scanliner*, *raytracing* e *pathtracing*.

Na década de 1980, muitas das técnicas básicas foram desenvolvidas e tornaram a animação 3D uma indústria comercial viável. Turner Whitted apresentou o Raytracing em 1980, em um artigo intitulado "An Improved Illumination Model for Shaded Display". Raytracing pode ser usado como uma técnica de renderização para criar reflexos realistas em superfícies, e muitas das técnicas são baseadas neste algoritmo. (Beane, 2012, p. 15, tradução nossa)

Cada um desses métodos apresenta um processo de rastreio e de projeção da cena, de acordo com o algoritmo em que se baseia, representando alternativas de produção e de uso com finalidades e resultados distintos.

> **O que é?**
> Algoritmo é, segundo o dicionário Aurélio (Ferreira, 2008), um conjunto de regras e operações bem-definido que tem como objetivo solucionar um ou mais problemas em um número finito de etapas.

1.1.1 Rasterização, ou *scanliner*

Nesse processo, o sistema realiza um rastreio com base na projeção da superfície da geometria em cena, em direção à câmera. É mais rápido, porém é mais limitado do que o *raytracing*, principalmente ao processar reflexos e refrações mais complexos. Isso se deve a seu método de processamento. A rasterização simplesmente converte o mapeamento da geometria da cena em um valor de *pixels*, não oferecendo uma maneira mais precisa de calcular a cor deles. Por isso, não consegue apurar *nuances* de sombreamento mais próximas às do comportamento da luz natural e não permite um resultado mais realista. É indicado para pré-visualizações em tempo real, para renderização de *videogames* e para animações mais simples do tipo cartum, com iluminação mais plana e menos texturização.

1.1.2 *Raytracing*

Trata-se de um processo mais sofisticado do que o *scanliner*. O *raytracing* faz a síntese de efeitos complexos de iluminação, oferecendo resultados mais realistas a um custo computacional muito mais alto. Isso significa que seu processamento leva mais tempo e exige maior capacidade computacional para ser realizado. É um método de renderização considerado robusto e completo.

Nesse modelo, o rastreio parte da localização da câmera (ponto de vista), emitindo raios em direção à cena, os quais atravessam, perpendicularmente, o plano de projeção. Cada pixel do plano de projeção é atravessado pelo raio de varredura de encontro a um ponto da superfície do modelo mais próximo. Nessa etapa, o processo pode tomar duas direções. Primeiramente, uma vez que o objeto mais próximo tenha sido identificado, o algoritmo estima a luz presente no ponto de intersecção, identifica o *shader* aplicado ao modelo (*mesh* poligonal) e combina essas informações para calcular a cor final do *pixel*. A partir dos graus de reflexão (espelhamento) e de refração (como no vidro) do *shader*, o raio original se divide em dois novos raios e continua sua trajetória até a próxima superfície, reiniciando o processo.

> Quando um raio atinge uma superfície com reflexão especular ou refração, o cálculo da cor pode exigir o rastreamento de mais raios chamados *raios de reflexão* e *raios de refração*, respectivamente. Esses raios podem atingir outras superfícies especulares, fazendo mais raios serem rastreados e assim por diante. Daí o termo rastreamento de raio recursivo. Esta técnica também é conhecida como *ray tracing* clássico ou *ray tracing* no estilo Whitted desde que foi introduzida por ele em 1980. (Jensen; Christensen, 2013, p. 25, tradução nossa)

Existem outras diferenças entre os dois métodos. No *scanliner*, o sistema executa uma varredura linha por linha, por toda a imagem, definindo, inicialmente, as superfícies poligonais que estão visíveis com relação à posição da câmera e ao plano de projeção, descartando toda a informação fora do enquadramento. A partir da separação, o sistema processa somente os elementos visíveis na imagem. Isso é denominado *back-face culling* e não leva em consideração, por exemplo, reflexos de objetos fora do enquadramento sobre os objetos enquadrados, um dos motivos para sua limitação de qualidade na imagem final. Muitos desenvolvedores que utilizam *renders* baseados em *scanliner*, principalmente em *videogames* e em outras aplicações de renderização em tempo real, costumam usar recursos como mapas de texturas e luzes dinâmicas para compensar as limitações do processo, alcançando resultados bastante interessantes.

Outra diferença fundamental é que, na rasterização do tipo *scanliner*, a varredura ocorre no sentido da cena para a câmera, ao passo que, no *raytracing*, acontece em sentido oposto.

1.1.3 *Pathtracing*

É uma variação do *raytracing*, com a diferença de que, quando foi concebido, partia da premissa de que "apenas um raio de reflexão e refração é disparado para cada ponto do plano de projeção, evitando a multiplicação excessiva do número de raios" (Jensen; Christensen, 2013, p. 29, tradução nossa). No entanto,

> uma implementação simples [o disparo de um único raio por ponto] levaria a imagens com muito ruídos. Para compensar isso, muitos raios são traçados em cada *pixel*. Uma vantagem do *pathtracing* é que, como muitos raios são disparados por pixel, os efeitos da câmera, como profundidade de campo e desfoque de movimento *[motion blur]*, podem ser incorporados mais facilmente. (Jensen; Christensen, 2013, p. 29, tradução nossa)

Em uma imagem, **ruídos** são grânulos, pontos de luz estourados e imperfeições que prejudicam a nitidez da imagem e o resultado do *render*. **Profundidade de campo** é um efeito ótico explorado pela fotografia: consiste na propagação do desfoque em uma imagem a partir de seu ponto focal, bem como no eventual controle da amplitude da área de foco. Já **desfoque de movimento** é uma técnica fundamental para a animação digital: atenua a passagem entre os quadros, dando mais fluidez ao resultado.

Por ser mais simples, o método de *pathtracing*, em tese, exige menos custo computacional, mas, como citamos, a limitação na quantidade de raios de varredura e em sua propagação resulta em uma imagem inferior em relação à do método de *raytracing* (presença de ruídos e distorções na luz). Contudo, o *pathtracing* vem ganhando espaço no mercado da animação como alternativa ao *raytracing*: "essa mudança foi parcialmente alimentada pelo aumento constante do poder computacional e de memória, mas também por melhorias significativas nas técnicas de amostragem, renderização e eliminação de ruído *[denoising]* (Christensen; Jarosz, 2014, p. 103, tradução nossa).

> **O que é?**
>
> *Denoising* é uma técnica de pós-produção para a eliminação de ruídos e a otimização de imagem.
>
> *Render engine* é a denominação recorrente para um *software* de renderização. Sua tradução literal, "motor de renderização", costuma ser usada no mercado de animação com menos frequência. *Síntese de imagem* é o termo considerado correto, e, portanto, mais usado em contextos acadêmicos.

As *renders engines* oferecem ao animador interfaces geralmente amigáveis, com ampla gama de recursos de controle e de configurações do processo de rastreio. As configurações permitem o ajuste e o melhor aproveitamento das características de cada um dos três processos de renderização implementados.

1.2 *Renders engines*

O funcionamento das diversas *renders engines* disponíveis no mercado está fundamentado em determinado método de renderização. Essas *renders engines* são escritas a partir do algoritmo original de cada um dos processos, incrementando inovações tecnológicas ao sistema.

Dois recursos simples e, ao mesmo tempo, cruciais no processo de configuração da *render engine* ganham importância nesse contexto: *sampling* e *light bounces*.

O controle do número de *samplings* (amostras) representa uma das incrementações da técnica de amostragem. No processo de rastreio da cena, o número de amostras determina quantas vezes cada *pixel* do plano de projeção será rastreado. As análises se complementam e, assim, preenchem as lacunas de informação no rastreio, confirmando, com maior precisão, o valor do *pixel* e eliminando o ruído. Com o aumento na capacidade computacional (tanto de *software* quanto de *hardware*), a técnica de *sampling* vem se tornando mais acessível.

O aumento no número de amostras, em tese, melhora a qualidade final do *render*, mas o aprimoramento não deve ser encarado dessa forma. Outros fatores interferem na qualidade final da imagem e/ou no aumento do tempo de renderização. Assim, a partir de certo ponto, a quantidade de amostras passa a ser desnecessária ou excessiva. A tecnologia já permite opções de *subsamplings*, de *samplings* adaptativos e de outros refinamentos do recurso.

O controle da quantidade de amostras permite controlar também o comportamento dos raios luminosos, mais especificamente a quantidade de rebatimentos dos raios, diretos e indiretos, no ambiente da cena: os *light bounces*: "O número máximo de reflexos de luz *[bounces]* pode ser controlado manualmente. Embora o ideal seja infinito, na prática, menos rebatimentos pode ser suficiente ou, ainda, algumas interações de luz podem ser deixadas de fora intencionalmente para uma finalização mais rápida" (Blender, 2022, tradução nossa).

Um número infinito de interações resultaria em um processo de renderização também sem fim. A computação precisa de valores finitos para calcular seus dados[3]. Mesmo sem um controle específico da quantidade de rebatimentos por parte do animador, o sistema oferece opções automatizadas para finalizar a interação dos raios luminosos em algum ponto, seja por aleatoriedade, seja por avaliação da (perda de) importância de determinado raio na construção da iluminação.

Equilibrar o número de amostragens e de rebatimentos da luz reduz consideravelmente a quantidade de informação envolvida no processo de renderização. A cada processo de sintetização de uma imagem (um *render*), o computador tem de lidar com um grande volume de informação.

Uma imagem do tipo 4K UHD, por exemplo, é composta de 8.294.400 *pixels*. Ao ser sintetizada a uma taxa de 64 amostragens, seriam operadas 530.841.600 varreduras. Um único segundo de animação com uma taxa de 30 FPS exigiria, com essa taxa de amostragem, quase 16 bilhões de varreduras.

---

[3] Um exemplo popular de número não exato é o número irracional Pi. Por não ter um valor estimado (3,1415926…), só pode ser usado por aproximação em operações que o envolvam.

> **O que é?**
>
> *Ultra-high Definition* (UHD) é um formato de imagem digital de ultra-alta definição, na proporção de 3.840 × 2.160 *pixels*.
>
> *Frames per second* (FPS) corresponde à quantidade de quadros por segundo necessária para compor filmes e animações. No exemplo anterior, significa que cada segundo da animação contém uma sequência de 30 quadros ou imagens (30 FPS).

Tais cálculos não levam em consideração a capacidade computacional envolvida e outros fatores, como a quantidade dos rebatimentos de luz e a complexidade da geometria instanciada ou variações de *shaders* (materiais). No entanto, já fornecem uma boa ideia do processo.

Embora nossa abordagem leve a crer que o *raytracing* seja o processo mais avançado de renderização, essa é uma perspectiva baseada nos parâmetros do realismo – isto é, na representação fiel do mundo físico. Na verdade, a ciência se ocupa com o estudo e a interpretação do fenômeno físico, ao passo que computação gráfica tem como objetivos sua conversão em dados matemáticos (modelagem) e sua posterior aplicação.

Para além dessas questões, a animação, de modo geral, está a serviço da indústria do entretenimento, com objetivos e premissas mais próximas às da expressão artística e do design. Por isso, nem sempre compartilha dessa visão estritamente científica. Ilustra isso o fato de o *raytracing* estar sendo amplamente utilizado pela indústria do cinema, na produção de efeitos visuais, mas não ser o método mais indicado para renderização em tempo real, por exemplo.

Na produção de videogames (área em que se aplica a renderização em tempo real) implantou-se o *raytracing* no desenvolvimento de jogos. O processo de *scanliner* é indicado para jogos eletrônicos e animações. Basta assistir a qualquer canal de TV voltado ao público infantil para observar sua aplicação.

A capacidade do *raytracing* de simulação da luminosidade física permite a perfeita integração entre as imagens captadas *(live action)* e aquelas geradas por computador (CGI), mas ainda é um processo extremamente lento e caro – acessível em grande escala apenas aos grandes estúdios. Dessa forma, o *pathtracing* vem se consolidando como opção para os pequenos e médios estúdios e para os animadores independentes.

O que é?

Live action é o termo que designa os filmes tradicionais, que têm atores em cena.

Computer Generated Imagery (CGI) é um conceito que abrange efeitos especiais e demais inserções digitais.

Cada um dos processos de rastreio tem características e aplicabilidades específicas, e isso deve ser considerado na adoção de uma *render engine*. Problemas de compatibilidade também precisam orientar essa escolha: nem sempre uma *render engine* é compatível com o *software* de modelagem.

Portanto, cada uma das técnicas de renderização define como o computador fará o rastreio e a projeção da cena, transformando todo o conjunto de dados e de variáveis disposto no campo de enquadramento em um preenchimento de *pixels* e, por consequência, em uma imagem digital.

Os dados e as variáveis introduzidos no campo de visão são, na verdade, os elementos dispostos em cena e seu arranjo espacial. Determinada a posição da câmera (ponto de vista), passa-se para o posicionamento das fontes luminosas (*setup* de iluminação) e dos objetos (geometria). Esmiuçaremos o posicionamento das fontes de luz e as configurações de câmera quando tratarmos de fotografia e de iluminação, no Capítulo 3. Por ora, voltaremos nossa atenção aos objetos em cena e a como se relacionam com a luz.

1.3 *Shading* (sombreamento)

Antes de tratarmos especificamente dos *shaders*, temos de recapitular alguns conceitos basilares da **modelagem em 3D:**

- Objetos (ou modelos) tridimensionais são formas vetoriais constituídas por vértices, arestas e faces (Blender, 2022).
- O conjunto de faces forma a malha poligonal *(poligonal mesh)*.
- A malha poligonal se comporta como uma superfície facetada, fragmentada – o aumento da complexidade da malha, as técnicas de interpolação e outros tipos de modelos geométricos (curvas, *nurbs* etc.) geram a ilusão de continuidade superficial, que é própria dos corpos reais.

Figura 1.4 – **Elementos que compõem uma malha poligonal básica**

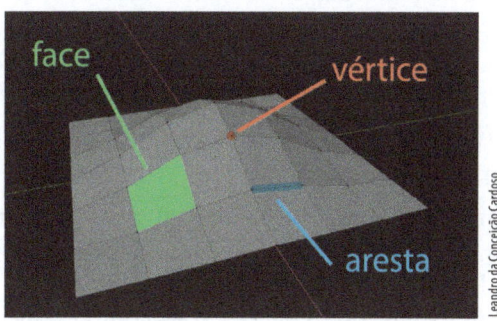

Como mencionamos, inicialmente os trabalhos em computação gráfica visavam à criação de modelos de simulação dos fenômenos visuais conforme experimentados no mundo real. O comportamento das superfícies materiais e sua interação com a luz eram dois dos problemas enfrentados pelos desenvolvedores.

O modelo geométrico é o ideal para converter estruturas físicas (coisas palpáveis) em estruturas matemáticas; porém, conforme indicamos, isso gera superfícies fragmentadas, bem diferentes de como as experimentamos com nossos sentidos.

A solução simplista para o problema é aumentar a geometria da malha poligonal: acrescentar mais vértices e faces, incrementando a curvatura do objeto. Aumentar a geometria complexifica a etapa de modelar e amplia o custo computacional: existe um limite razoável para a quantidade de geometria presente em cada modelo.

É preciso ter em mente que, anos atrás, a capacidade computacional era bastante reduzida quando comparada aos padrões atuais. Aumentar a geometria não era uma opção viável. Portanto, era necessário desenvolver outros processos que introduzissem suavidade à malha poligonal *(smoothness)*. Para isso, duas soluções foram elaboradas:

1. suavizar a malha poligonal por meio da interpolação da geometria (técnicas de subdivisão da superfície do tipo *subdivision surface*)[4];
2. suavizar a aparência da malha ou, mais precisamente, as passagens de luz e suas graduações sobre a superfície.

A primeira solução se concentra no comportamento da malha, na reorganização de sua geometria. A segunda dá enfoque à incidência do raio luminoso sobre a superfície e a reorganização da apresentação do resultado. As duas soluções implementadas costumam ser usadas, simultaneamente, pelos animadores. Por ora, nos ateremos à segunda, para clarificarmos como se dá a incidência de luz sobre os corpos e suas variáveis.

Foram desenvolvidos métodos de sombreamento da superfície poligonal, inicialmente com o objetivo de atenuar a passagem de luz mediante variações da malha (ângulos). Apesar da variedade de métodos, a proposta é a mesma: simular passagens graduais de luz.

O sombreamento do tipo *flat* (plano) distribui as variações de luminosidade, levando em consideração apenas a relação entre o ângulo de incidência do raio luminoso e os ângulos dos planos das superfícies.

---

[4] "Frequentemente abreviado para 'Subdiv', é usado para dividir as faces de uma malha em faces menores, dando a ela uma aparência suave. Permite criar superfícies lisas complexas enquanto modela malhas simples de poucos vértices" (Blender, 2022).

Figura 1.5 – **À esquerda, objetos com sombreamento plano; à direita, um sombreamento do tipo *smooth* aplicado**

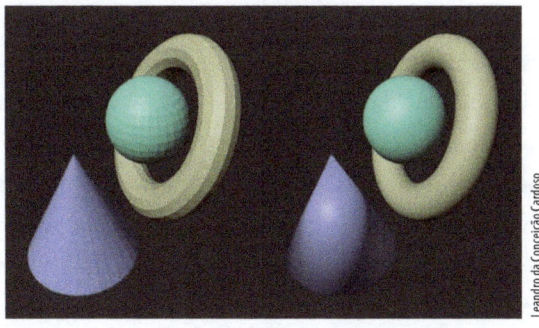

O *shading* por interpolação se presta a resolver o problema de reflexão do raio luminoso na superfície geométrica sem avaliar outras propriedades da luz, conforme demonstraremos adiante.

1.4 Shaders

O termo *shader* agrupa um conjunto de cálculos e de soluções (algoritmos) acumulados ao longo da história da computação gráfica, formando uma biblioteca gráfica à disposição do animador. Os *shaders* apresentam abordagens que traduzem o comportamento natural (físico) do raio luminoso sobre a superfície dos corpos em modelos computáveis e sua consequente apresentação visual.

O aprimoramento dos *shaders* levou à sofisticação das técnicas de simulação e de representação de materiais, inaugurando muitas possibilidades para a computação gráfica. É comum o emprego do termo como sinônimo de material, como em *glass shader* (vidro).

A sofisticação do *shader* foi possível graças à incorporação de outras propriedades da luz no processo de *shading*. A interação dos raios luminosos com superfícies físicas vai além da mudança de direções. O comportamento do feixe de luz é um tanto mais complexo: quando um raio luminoso se encontra com uma superfície, sofre alterações em seu comportamento inicial em virtude das qualidades físicas da superfície (arranjo molecular, imperfeições, transparência etc.). Nessa perspectiva, os seguintes comportamentos podem ser observados:

- **Reflexão (regular)**: acontece quando os raios ricocheteiam na superfície, mantendo certa uniformidade em seu trajeto (incidem em ângulo reto). É própria de superfícies lisas, uniformes (o espelho é sempre o melhor exemplo).
- **Dispersão (ou reflexão difusa)**: os raios também são rebatidos, mas se espalham de maneira desordenada após encontrarem a superfície. Ocorre em superfícies com menos uniformidade, desde materiais aparentemente lisos, como o gesso, até materiais perceptivelmente irregulares, como um tronco de árvore.
- **Refração**: o raio atravessa a superfície quase sempre com um desvio em sua direção inicial (vidro e água). O índice de refração é usado para representar esse desvio.
- **Absorção**: os raios são absorvidos pela superfície (carvão).

O fenômeno da dispersão guarda relação mais estreita com as qualidades físico-químicas de uma superfície do que com suas qualidades táteis. Um pedaço de madeira extremamente polido nunca apresentará a mesma reflexibilidade de uma superfície metálica, por exemplo.

Figura 1.6 – **Comportamento da luz**

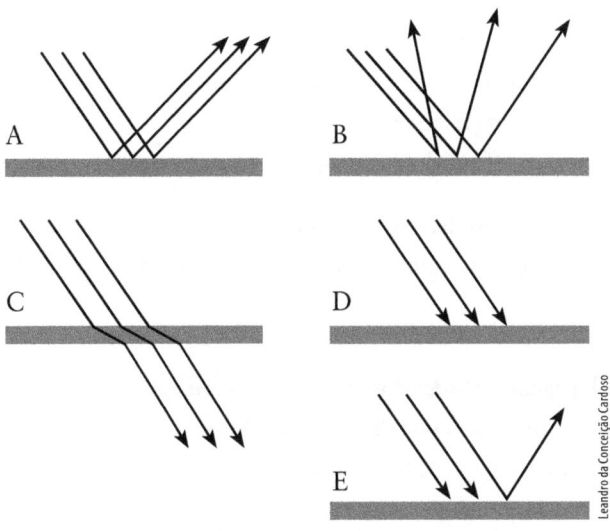

Apesar de ser classificado separadamente, o comportamento da luz no ambiente natural é uma combinação desses fenômenos. Cada substância ou material provoca mudanças na direção do raio luminoso, combinando valores de reflexão, refração e absorção. Alguns materiais, como o mármore, dispersam parte dos raios, mas, ainda assim, apresentam reflexibilidade. O vidro refrata parte da luz e reflete o restante. O fenômeno de absorção explica a percepção das cores: trata-se de uma absorção seletiva de parte do espectro cromático e de reflexão do restante. Portanto, as observações puras de cada um dos fenômenos só são possíveis no campo teórico e experimental.

Para o *shader*, os problemas que se apresentam são os arrolados a seguir:

- No momento em que um raio atinge uma superfície, quanto desse raio é rebatido?
- De que forma (regular ou difusa) é rebatido?
- Quanto é absorvido?
- Quanto é refratado e em que ângulo (desvio) isso acontece?

A combinação desses fatores já fornece ao animador a possibilidade de criar materiais simples, porém de bastante aplicabilidade comercial.

Figura 1.7 – **À esquerda, *shaders* foram aplicados aos modelos com um sombreamento do tipo *flat*; à direita, *shaders* são associados ao sombreamento do tipo *smooth***

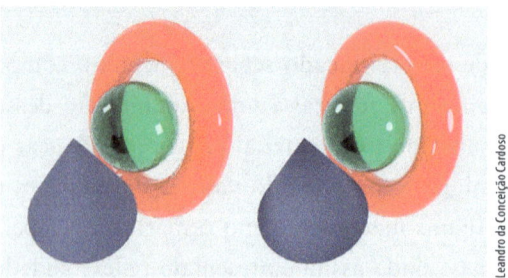

1.5 Iluminação indireta e transporte de luz

Quando se amplia o detalhamento da simulação do comportamento da luz em uma cena, há um impacto na *performance* da iluminação indireta. Os raios rebatidos (*bounces*) e refratados carregam consigo parte da informação das superfícies atingidas[5], produzindo **reflexos indiretos**, os quais são projetados sobre outras superfícies (a imagem especular ou o reflexo de um objeto na superfície de outros objetos próximos), e **deformações de refração** (efeitos de lente e de ilusão de ótica). A concentração de raios luminosos, seja por reflexão, seja por refração, pode gerar reflexos dos tipos cáustico e *flare*, como o padrão de luz dançante no fundo de uma piscina exposta à luz solar e a concentração de raios provocada por uma lupa (lente).

Figura 1.8 – **Efeitos de reflexão e refração**

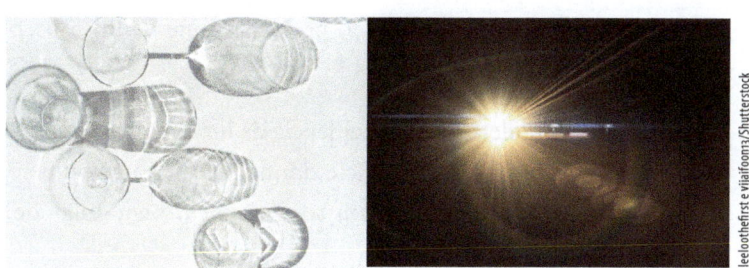

leeloothefirst e vijalfoons/Shutterstock

---

[5] É uma forma didática de abordagem. Nela, o raio luminoso se modifica após a interação com o material da superfície.

A reflexão dos raios de luz contribui, também, para a iluminação global da cena, criando iluminação indireta em áreas encobertas e expondo objetos na penumbra.

A implementação de iluminação indireta, de maneira geral (seja por reflexão, seja por refração), complexifica a renderização, exigindo um considerável aumento da capacidade computacional e um maior número de varreduras (*samplings*). Assim, o tempo de renderização da imagem aumenta, o que pode provocar certa quantidade de ruídos e o surgimento de *fireflies*.

> **O que é?**
>
> *Fireflies* são pontos de luz presentes na imagem final criados pela *render engine* em virtude de erros na interpretação dos dados envolvidos.

1.6 Projeção de sombras

Quando um objeto é iluminado por uma fonte de luz, observam-se dois efeitos imediatos:

1. seu volume é modelado pela incidência da luz – interação entre a direção do raio e da superfície da malha (efeito comumente chamado *sombra própria* ou *sombreamento* em aulas de desenho);
2. sua sombra é projetada em certo(s) plano(s) adjacente(s).

> **O que é?**
>
> *Normal* é uma linha ou vetor perpendicular (90°) à direção do plano da superfície, que define o posicionamento desse plano em relação ao

espaço de projeção. É fundamental para o cálculo que determina o ângulo de incidência da luz sobre o plano da superfície.

Figura 1.9 – **Esfera metálica semipolida**

Na Figura 1.9, é possível distinguir a reflexão do ambiente em sua superfície: há uma leve área de sombreamento na porção inferior, e a sombra é projetada, de forma bastante difusa, na parte de baixo.

Como já assinalamos, a interpolação do sombreamento (sombra própria) é produzida no processo de *shading*. A projeção das sombras pode ocorrer de duas maneiras:

1. **Renderização por rasterização (*scanliner*)**: as sombras projetadas são calculadas na etapa de rastreio da geometria em cena. São definidas segundo sua visibilidade (posicionamento) em relação ao ponto de luz, sendo armazenadas em um tipo especial

de imagem denominado *mapa de sombras*[6]. Segue-se, então, a renderização final da imagem, em que o mapa é devidamente aplicado, e a cena, finalizada.

2. *Raytracing*: o cálculo do sombreamento é efetuado, simultaneamente, com o dos demais elementos de cena. Em substituição à criação de um mapa de sombra, o que ocorre é a projeção de um raio na superfície do objeto visível por meio de um *pixel* específico do quadro e da análise de sua trajetória em relação ao ponto de intersecção com a fonte de luz. Se esse raio cruza um objeto em seu caminho para a luz, então o ponto em questão está na sombra desse objeto.

Dessa forma, todas as variações de informação luminosa serão interpoladas às demais variantes estabelecidas, gerando as projeções de sombreamento.

1.7 Planos de projeção

Como indicamos no início deste capítulo, a renderização é, em essência, um processo de projeção de plano: trata-se da transcrição das coordenadas de objetos instanciados em um espaço tridimensional (x, y, z) para um bidimensional (x, y).

---

[6] O uso de mapeamento por imagem tem múltiplas funções nos processos de desenvolvimento de materiais e de renderização.

1.7.1 **Breve histórico**

O uso de projeções é praticado há séculos pela humanidade, com o objetivo de capturar e reproduzir, fielmente, a percepção humana e seus processos de apreensão visual do mundo natural (noções de profundidade, pontos de vista, variações da forma dos objetos em relação a um ponto de vista etc.). Os processos e seu embasamento teórico remontam à Antiguidade grega (século V a.C.), embora a formalização da técnica só tenha se consolidado na Renascença (séculos XIII e XIV):

> Filippo Brunelleschi (1377-1446) foi o primeiro artista a desenvolver um sistema matemático para a perspectiva. O primeiro tratado sobre perspectiva, *Della Pittura*, foi publicado em 1435 por Leone Battista Alberti (1404-1472). No mesmo período, a técnica da perspectiva continuou a ser aperfeiçoada por Piero della Francesca (1420-1492) através do texto *De Prospettiva Pingendi* e por Leonardo da Vinci, que pintou a sua versão de "A Última Ceia". (Battaiola, [s. d.], p. 19)

Figura 1.10 – **O *homem vitruviano*, do caderno de esboços de Leonardo da Vinci**

As técnicas de projeção são, desde então, aplicadas às linguagens visuais (sobretudo, à pintura clássica) e à engenharia (plantas baixas, projeção de fachadas, detalhamentos etc.).

O que é?

Planta baixa é a projeção de uma construção vista de cima em corte (como uma visão área, "cortada" no sentido de que seu telhado foi eliminado, permitindo a visualização da configuração dos cômodos), sem distorções de perspectiva e em escala.

A geometria descritiva, também denominada *geometria mongeana* ou *método de Monge*, foi introduzida e formalizada por Gaspard Monge (1746-1818), em 1801, com a publicação de seu livro *Géométrie Descriptive*. Após formalizado, o método de projeção passou a ser estudado e aperfeiçoado, paralelamente, por matemáticos, engenheiros e artistas, evidenciando seu uso tanto artístico quanto técnico.

Na passagem do século XIX para o XX, com a consolidação das chamadas *artes aplicadas* (arquitetura e design) e com o advento da imagem técnica (fotografia, cinema e animação), os estudos das técnicas de projeção encontraram um ponto de convergência e passaram a ser aplicados simultaneamente a fins estéticos e técnicos.

A partir da segunda metade do século XX, em razão do desenvolvimento da computação e, mais especificamente, da computação gráfica, a implementação das técnicas de projeção planar seguiu seu caminho natural. E foi, então, combinada aos sistemas de computação, permitindo o desenvolvimento das técnicas de representação visual e de renderização.

1.7.2 Classificação das projeções planares

Segundo Battaiola ([s.d.], p. 19-20), as projeções mais utilizadas em computação gráfica "Projetam um sistema de coordenadas 3D em um 2D, [...] realizam a projeção em um plano ao invés de uma superfície curva, como também utilizam raios projetores lineares ao invés de curvos".

Embora também existam projeções sobre superfícies curvas, aqui nos concentraremos nas do tipo planar e nas subdivisões de maior interesse do animador.

As projeções curvas podem ser: cilíndricas, se utilizarem raios de projeção paralelos; e cônicas, se seus raios partirem de um único ponto.

A primeira divisão das projeções planares diz respeito à perspectiva: projeção (ou percepção) do espaço a partir de um ponto de vista e correta disposição dos objetos e de suas proporções no espaço.

As projeções planares podem ser paralelas quando os raios de rastreio incidem, perpendicularmente, sobre o plano de projeção ou perspectiva, quando os raios convergem em direção a um ponto (posição da câmera).

1.7.3 Projeções planares paralelas

Nas projeções ortogonais, a normal do plano de projeção é paralela ao feixe de raios. Divide-se em quatro modalidades, conforme o posicionamento do plano de projeção quanto ao objeto projetado. As principais projeções ortogonais são:

- **Frontal**: posicionada de frente para o objeto projetado.
- **Lateral**: posicionada lateralmente ao objeto projetado.
- **Superior**: posicionada em cima do objeto projetado.
- **Axonométrica**: posicionada de forma oblíqua ao objeto projetado. Desenvolve-se em três variáveis: isométrica, dimétrica e trimétrica.

As projeções ortogonais são amplamente utilizadas pela engenharia e pela arquitetura. Fornecem vistas parciais do objeto sem distorções – as direções e as distâncias entre as paralelas se mantêm constantes –, porém, em conjunto, possibilitam um bom entendimento do todo. As vistas frontal, lateral e superior são amplamente usadas no desenho técnico. A superior, em particular, possibilita o desenvolvimento das plantas baixas da arquitetura.

Todos os *softwares* oferecem as opções ortogonais e são muito úteis na etapa de desenvolvimento e de modelagem, oferecendo, inclusive, otimizações de algumas ferramentas segundo a vista aplicada.

As projeções isométricas são amplamente utilizadas no desenvolvimento de jogos eletrônicos, para simular a espacialidade própria do ambiente tridimensional de maneira (técnica) mais simplificada.

Figura 1.11 – **Variações e projeções planares**

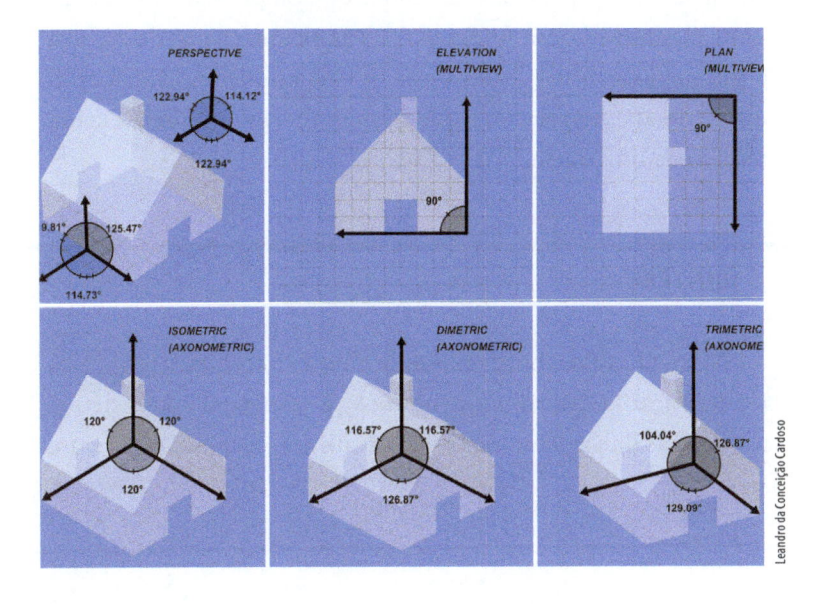

1.7.4 Projeções planares perspectivas

Essa categoria fornece uma projeção mais próxima da experiência real da apreensão visual do mundo natural ao permitir a simulação das distorções provocadas pela distância dos objetos em relação ao ponto de vista (distorção de perspectiva): "Como a projeção perspectiva tem o centro de projeção localizado em um ponto finito, ocorre uma distorção no objeto projetado que faz com que qualquer conjunto de linhas que sejam paralelas ao plano de projeção convirjam para um mesmo ponto denominado ponto-de-fuga" (Battaiola, [s. d.], p. 23).

A projeção perspectiva pode apresentar um, dois e até três pontos de fuga em função da relação entre o ponto de vista, o plano de projeção e o plano observado. Durante a renderização, a perspectiva é experimentada de um modo mais dinâmico pelo animador, principalmente na etapa de composição do quadro (o enquadramento na fotografia). O posicionamento da câmera e a configuração das lentes tornam mais ou menos evidentes as distorções da perspectiva, o que é explorado, esteticamente, como recurso de linguagem.

SÍNTESE

Neste capítulo, abordamos toda a base conceitual e técnica da renderização. Comentamos sobre os principais métodos de rastreio e suas linhas tecnológicas subsequentes, os quais forneceram embasamento para a adoção de uma *render engine* de acordo com suas adequações técnicas ao escopo dos projetos de animação.

A adoção de uma *render engine* pode orientar toda a cadeia da confecção de uma animação: o detalhamento de modelagem de personagens e de objetos e o desenvolvimento de materiais e de iluminação, por exemplo, estão diretamente ligados à *render engine*.

Em virtude da relação direta entre renderização e desenvolvimento de materiais, expusemos as técnicas básicas de sombreamento e de iluminação. O entendimento e as possibilidades abertas pela simulação mais acurada da incidência de luz sobre os modelos geométricos permitem a criação, relativamente simples, de materiais com considerável apelo visual e aplicabilidade prática para os animadores. No próximo capítulo, pormenorizaremos esse tema, introduzindo técnicas de detalhamento por meio do uso de texturas, mapas visuais e outros recursos.

Por fim, apresentamos, neste capítulo inicial, as projeções planares, conteúdo indispensável para o entendimento do processo de renderização e bastante útil na feitura de imagens técnicas e na modelagem de acessórios de cena (artefatos criados pelo homem: mecanismos, arquitetura e similares), na criação de paisagens e de cenários e na composição e no enquadramento visual próprios da linguagem fotográfica.

Jcmaz/Shutterstock

CAPÍTULO 2

DESENVOLVIMENTO DE MATERIAIS

Neste capítulo, discorreremos sobre o comportamento dos raios luminosos, o correto desenvolvimento de *shaders* e, consequentemente, a criação de materiais mais complexos e realistas.

Introduziremos as técnicas de mapeamento por imagem e o desenvolvimento da texturização, que refina o detalhamento dos materiais. Além disso, adotaremos o fotorrealismo como parâmetro. Nesse sentido, deve estar claro que a animação e seus diversos estilos admitem várias possibilidades visuais, muitas vezes mais simples e práticas, como no estilo cartum. Em sentido oposto, muitas vezes, exige-se o desenvolvimento de materiais fantásticos ou não naturais, embora as bases para sua criação sejam as mesmas. Fotorrealismo é o segmento artístico focado na representação da natureza com a maior fidelidade possível.

2.1 A importância do desenvolvimento de materiais

Há três aspectos que envolvem o correto planejamento da projeção de uma cena em uma imagem:

1. **Configuração da *render engine*:** controle de amostragens (*samplings*), rebatimento dos raios de luz (*bounces*) e outros aspectos.
2. ***Setup* da iluminação:** arranjo correto das fontes luminosas quanto a seu posicionamento e suas configurações.
3. **Desenvolvimento de *shaders*:** para fornecer ao sistema a simulação e a representação corretas dos materiais atribuídos aos objetos em cena (malha poligonal).

Setup de iluminação é um termo recorrente na indústria da fotografia e do cinema. Diz respeito à configuração do equipamento de iluminação (às diversas luzes e a seu posicionamento) em uma cena, visando à obtenção correta dos efeitos luminosos pretendidos.

Em grandes estúdios de animação, é comum a segmentação de cada uma dessas etapas em setores específicos, mas estudantes de animação e animadores independentes tendem a lidar com tudo sozinhos e, por isso, precisam compreender todo o processo.

Mesmo que o processo seja segmentado, devem ser seguidas as mesmas diretrizes técnicas (determinadas pelas características de cada *render engine*), estando estas adequadas às propostas da direção de arte. Tudo precisa estar perfeitamente sintonizado, seja para o bom funcionamento técnico, seja para garantir o resultado esperado.

Desenvolver um material significa orientar o processamento das diversas superfícies de malha poligonal, direcionando o funcionamento dos raios de projeção e da trajetória da luz.

2.2 *Physically based rendering* (PBR)[1]

No capítulo anterior, indicamos que um raio de luz, ao incidir sobre uma superfície, pode apresentar três tipos de comportamento: (1) a **reflexão**, que é o rebatimento do raio luminoso; (2) a **refração**, se o raio atravessar a superfície – muitas vezes, sofrendo uma modificação em sua trajetória; e (3) a **absorção**, quando o raio

---

1   Em português, *renderização baseada em física*.

(ou parte dele) é absorvido – fenômeno da cor, por exemplo. Logo, quando o raio luminoso atinge uma superfície, parte é refletida, parte é refratada e/ou parte é absorvida.

> O que permite a percepção da cor é a absorção de parte dos comprimentos de onda que a formam e a reflexão do restante.

Na natureza, os três fenômenos ocorrem de forma combinada, apresentando graus de variação entre si. Isso permite, por exemplo, que materiais como o vidro tenham um grau de reflexibilidade e uma cor e, ao mesmo tempo, refratem os raios de luz, sendo possível ver através de sua superfície.

É possível acrescer variações para cada comportamento: a reflexão pode ocorrer de modo uniforme, como em um espelho, ou de maneira desordenada (reflexo difuso). O índice de refração determina o quanto o raio é desviado de sua trajetória original, produzindo distorções como as de lentes e de lupas. A absorção pode ocorrer em maior ou menor grau, produzindo efeitos de translucidez.

A reflexão pode ser separada em três categorias: (1) especular, como em um espelho ou metal polido; (2) brilhante, como em uma pintura de carro ou em um vidro; (3) e difusa, como na madeira bruta e em certos plásticos foscos.

A translucidez determina o grau de transparência de um objeto, como os de plástico e papel. Se não houver espalhamento (reflexão difusa) e se a absorção for baixa, os raios podem passar pela superfície diretamente.

2.2.1 *Bidirectional reflectance distribution function* (BRDF)[2]

Até o momento, concentramo-nos apenas na incidência do raio sobre a superfície de um material. Para que a abordagem física do processo seja mais precisa, permitindo a implementação de *PBR shader*, dois novos fatores precisam ser introduzidos no processo:

1. a conservação de energia; e
2. a direção em que a incidência é apreendida, isto é, o ponto de vista.

Conservação de energia

A lei da conservação de energia determina que a energia não pode ser criada nem destruída; sendo apenas transformada. Esse princípio estabelece que a quantidade total de luz reemitida por uma superfície (refletida e espalhada) é menor do que a quantidade total recebida. Em outras palavras, a luz refletida da superfície nunca será mais intensa do que era antes de atingi-la, visto que um material não pode ser mais brilhante do que a luz que o atingiu.

A conservação da energia confirma o comportamento da luz e sua interação natural. Quando o reflexo é menos intenso do que a fonte de luz, isso significa que parte de sua energia sofreu algum tipo de transformação, ou seja, foi parcialmente dispersa (reflexo difuso), refratada e/ou absorvida.

A absorção do raio luminoso resulta na cor percebida e/ou na geração de calor. A conversão do princípio da conservação de energia em BRDF confere mais precisão à simulação dos materiais.

---

2   Em português, *função de distribuição de refletância bidirecional*.

A luz é um fenômeno físico complexo: comporta-se, simultaneamente, como onda e como partícula. Embora tenhamos exposto, até aqui, apenas os aspectos espaciais do fenômeno – mais especificamente trajetória e rebatimento –, sua interação com materiais deve levar em consideração particularidades de seu comportamento. A cor e a translucidez de alguns materiais são vestígios desse processo.

Na verdade, a computação gráfica trabalha com um modelo de raio luminoso. A função de distribuição de refletância bidirecional (ou qualquer outro método mais abrangente) dá mais precisão ao modelo, mas ainda está longe de reproduzir com fidelidade total o fenômeno natural.

Fator de reflexão de Fresnel

O segundo fator diz respeito ao ponto de vista (posicionamento da câmera). A direção em que a incidência é apreendida – isto é, o ponto de vista em relação ao ângulo de incidência do raio luminoso – é crucial na implementação da BRDF, que é "uma medida da quantidade de luz espalhada por algum meio de uma direção para outra. Integrá-lo sobre os ângulos sólidos refletidos e incidentes especificados define a refletância, que pode ser facilmente relacionada à absorção (ou emissividade) de uma amostra" (Mungan, 1998, p. 1, tradução nossa).

A função parte de uma abordagem bidirecional do fenômeno, pois leva em consideração o ângulo de incidência do raio luminoso (em razão da posição da fonte de luz) em relação ao ângulo de apreensão do fenômeno (ponto de vista – POV). O ângulo do plano de incidência – isto é, a posição da superfície e seu ângulo em relação ao POV – altera o vínculo entre os níveis de reflexão, refração e absorção de um raio luminoso, modificando a percepção dos reflexos.

> **O que é?**
> POV é o ponto de vista bidirecional, visto que calcula a relação entre os raios de incidência e os raios de projeção que partem da câmera.

Figura 2.1 – **Triangulação da incidência do raio luminoso sobre uma superfície a partir da posição da câmera**

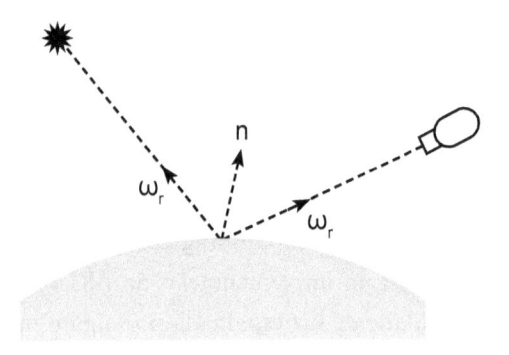

A abordagem bidirecional, ao relacionar a direção do raio luminoso à superfície e ao ponto de vista, permite que o processo de simulação corrija o fenômeno de reflexão de acordo com o modo como a apreendemos no mundo real.

O fator de reflexão de Fresnel também desempenha um papel vital no sombreamento com base física como um coeficiente do BRDF. O efeito Fresnel, conforme observado pelo físico francês Augustin-Jean Fresnel, determina que a quantidade de luz refletida em uma superfície depende do ângulo de visão em que ela é percebida. (McDermott, 2018, p. 30, tradução nossa)

A relação entre a quantidade de luz refletida e o ângulo da superfície é determinada pelo **fator de refletância de Fresnel (F0):**

Quando a luz atinge uma superfície direta ou perpendicularmente (em um ângulo de 0 grau), uma porcentagem dessa luz é refletida como especular. Usando o índice de refração (IOR) para uma superfície, você pode derivar a quantidade que é refletida. Isso é conhecido como F0 (Fresnel zero). A quantidade de luz que é refratada na superfície é referida como 1 − F0. (McDermott, 2018, p. 31, tradução nossa)

O coeficiente de Fresnel estabelece a relação entre reflexão, refração e absorção em função do ângulo de apreensão do ponto de vista do observador. Descreve o fenômeno que permite à água, por exemplo, comportar-se como um espelho em determinado ângulo de visão, e tornar-se quase transparente quando observada de frente.

Preste atenção!

Augustin-Jean Fresnel (1788-1827) foi um físico francês que fez importantes contribuições para a ótica. Foi ele que intuiu e desenvolveu o coeficiente.

Figura 2.2 – **Interação entre reflexão e refração**

Adam Goldberg Photography/Shutterstock

Na Figura 2.2, a interação entre reflexão e refração é evidente no modo como a transparência da água dá espaço ao reflexo das luzes do ambiente.

2.3 *Shaders* e materiais

A correção da reflexão permitiu o desenvolvimento de *shaders* *PBR* que simulassem, com maior precisão, os diversos materiais, tanto naturais quanto manufaturados. De maneira geral, todos os materiais apresentam variações nos níveis de reflexão, refração e absorção dos raios incidentes, como já mencionamos.

Os materiais podem ser divididos em algumas categorias considerando-se o modo como processam a reflexão e suas variações. A seguir, apresentaremos tais divisões.

2.3.1 Materiais dielétricos ou não metálicos

Esta categoria abrange quase a totalidade dos materiais naturais e manufaturados não metálicos, incluindo plásticos, madeira, alguns minerais, pintura de carro, borracha, couro e tecidos.

Apresenta uma ampla variação entre reflexão, refração e absorção. Contudo, sua reflexão é, consideravelmente, menor do que a dos metais: dielétricos "são maus condutores de eletricidade. A luz refratada é espalhada e/ou absorvida (muitas vezes reemergindo da superfície), então eles refletem menos quantidade de luz que os metais" (McDermott, 2018, p. 36, tradução nossa).

Além da baixa condutibilidade, dielétricos não costumam apresentar superfícies homogêneas, mesmo que, aparentemente, sejam polidos (em virtude de suas propriedades químicas, em um sentido microscópico).

Figura 2.3 – **Exemplos de materiais dielétricos: objetos de madeira e pães**

Pasqua Giacomo/Shutterstock

2.3.2 Metais

Os metais refletem todo o raio de luz incidente se forem perfeitamente polidos (superfície homogeneamente plana). Apresentam absorção de parte do espectro cromático, resultando nas variações de cor de cada metal (ouro e cobre, por exemplo). Muitas vezes, os metais têm variações em suas características: ferrugens, oxidações, pinturas e pátinas. Em casos como esses, superfícies metálicas devem ser abordadas como dielétricas.

Figura 2.4 – **Exemplo de objeto de metal**

studiowin/Shutterstock

2.3.3 Materiais refratários e translúcidos

Os materiais refratários são transparentes, como o vidro e o acrílico. Permitem a quase total refração dos raios luminosos, sendo possível para o observador enxergar através de sua superfície. Baixos níveis de reflexão e de absorção são evidentes, como em reflexos presentes em uma vidraça e em sua coloração.

Quando apresentam altos níveis de absorção e de dispersão, são classificados como translúcidos, pois favorecem níveis de transparência muito sutis, sempre inferiores aos de materiais refratários. São exemplos de materiais translúcidos a pele, os papéis, alguns plásticos, os tecidos mais finos e as películas semelhantes. Alguns materiais como fumaça, névoa e nuvens têm uma abordagem mais específica, conforme detalharemos adiante.

Figura 2.5 – **Exemplos de materiais refratários e translúcidos**

Vanillla/Shutterstock

2.3.4 **Materiais anisotrópicos**

São materiais que modificam suas características físicas em função do ângulo de incidência dos raios luminosos. O fundo de algumas panelas inox é o exemplo mais conhecido.

Importante!

Até agora, ao abordar todo o processo da reflexão da luz, levamos em consideração modelos isotrópicos. Embora o fator de reflexão de Fresnel introduza variações na percepção da reflexão, as características do material envolvido não se alteram. Materiais anisotrópicos, ao contrário dos isotrópicos, têm comportamento diferente em relação a ângulos de incidência distintos, apresentando desvios de reflexo e de refração.

Reflexão difusa e reflexão especular

O método bidirecional dos *shaders PBR* estabelece dois tipos principais de reflexão: (1) reflexão difusa (ou brilho difuso), para materiais não metálicos (dielétricos, refratários e translúcidos simples); e (2) reflexão especular, própria dos materiais metálicos. Os materiais translúcidos complexos exigem variações no *shader*, mas ainda se enquadram na categoria de reflexão difusa, ao passo que os anisotrópicos necessitam de ajustes em função do ângulo de reflexão.

A principal distinção entre o reflexo difuso e o especular se evidencia na participação do comprimento de ondas do raio luminoso na formação do reflexo percebido.

Nos materiais dielétricos, o reflexo ocorre independentemente do comprimento de onda – ou seja, a luz refletida é da mesma cor da luz incidente. Embora o observador perceba a cor do objeto, seu reflexo jamais é colorido, sendo processado em termos de claro e escuro (do preto ao branco), sem influência da cor da superfície.

Figura 2.6 – **Reflexão difusa**

Nos materiais metálicos, o comprimento de onda participa da formação do reflexo. Nesse caso, objetos metálicos apresentam reflexos "coloridos" nos mesmos tons da cor do objeto.

Figura 2.7 – **Reflexão especular**

Translucidez complexa e dispersão de subsuperfície

Como já comentamos, alguns materiais complexos necessitam de um pouco mais de apuro técnico no desenvolvimento do *shader*. Alguns têm uma translucidez extremamente tênue, o que dificulta seu processamento (por exemplo, nossa pele). Em outros casos, ocorre a refração parcial dos raios luminosos, que não atravessam totalmente o material. Penetram apenas algumas camadas superficiais e retornam com sua trajetória modificada. Fenômenos atmosféricos apresentam, também, translucidez complexa: os cálculos envolvidos estão mais relacionados ao volume do que à superfície do objeto iluminado.

Algumas variantes do *shader BDRF* foram desenvolvidas para atender processos particulares de translucidez:

- **Dispersão de subsuperfície** (*subsurface scattering* e BSSRDF[3]): "adiciona dispersão múltipla simples de subsuperfície para materiais como pele, cera, mármore e leite. […] ao invés de a luz ser refletida diretamente na superfície, ela penetra na superfície e ricocheteia internamente antes de ser absorvida ou deixar a superfície em um ponto próximo" (Blender, 2022, tradução nossa).
- **Absorção de volume** (*volume absorption*): promove a absorção progressiva da luz. É usada para simular efeitos de turbidez e de profundidade da água (como em uma piscina).
- **Dispersão de volume** (*volume scattering*): espalha os raios luminosos ao atravessarem um volume. É usada em efeitos de neblina e de fumaça.

---

[3] BSSRDF: *bidirectional scattering-surface reflectance distribution function*.

Figura 2.8 – **Exemplo de dispersão de volume**

shevtsovy/Shutterstock

> ***Shaders* de volume**
>
> Enquanto a maioria dos *shaders* controla a interação entre a superfície e os raios luminosos, alguns controlam a interação dos raios luminosos com o volume do modelo poligonal.

2.3.5 *Roughness*: **superfícies irregulares e microfacetadas**

Outros pontos de interesse dizem respeito à superfície dos objetos renderizados e ao seu processamento pelo *shader*. O tema causa bastante confusão, porque, como já assinalamos a capacidade de reflexão de um material, muitas vezes, depende da qualidade de sua superfície, embora, em outros casos, dependa de (ou combine) suas características químico-físicas (sua substância). Um tampo de mesa de madeira polida, por exemplo, nunca apresentará os mesmos reflexos de uma bandeja de prata.

Variações nos reflexos podem ocorrer em virtude de irregularidades do material, de sua aspereza e/ou da organização microfacetada de sua superfície. Detalharemos essas três situações a seguir:

1. Superfícies perfeitamente regulares são possíveis apenas em um plano ideal. Objetos naturais e manufaturados sempre apresentam algum grau de imperfeição (mesmo os metálicos).
2. A aspereza é a categoria mais óbvia e, por isso, a que causa mais confusão. Representa as imperfeições perceptíveis em uma superfície, podendo ser própria do material ou provocada pelo envelhecimento. Uma tábua bruta de madeira é um exemplo.
3. O microfacetamento é, talvez, a categoria mais complexa. Muitos materiais apresentam sua superfície organizada de forma fragmentada (ou microfacetada) em um nível microscópico, imperceptível ao tato e ao olho nu. Trata-se de uma propriedade substancial e não contingente, isto é, não pode ser provocada ou eliminada – no máximo, pode ser atenuada (como é o caso da madeira polida).

O ambiente de simulação, em razão de sua natureza matemática, pode ser definido como um **plano ideal**, possibilitando a implementação de modelos "perfeitos". O uso de **mapas de textura** é um método simples para acrescentar imperfeições à superfície de um objeto.

Assim como em relação ao comprimento de onda, o *shader PBR* também faz distinção entre materiais dielétricos e metálicos. Superfícies microfacetadas são próprias de materiais complexos não metálicos e translúcidos. Os metais, em geral, refletem totalmente a incidência dos raios luminosos.

No desenvolvimento de materiais realistas, é comum a presença de irregularidades na superfície e, até mesmo, de um pouco de aspereza, mesmo em metais.

Roughness (rugosidade) descreve um recurso introduzido no desenvolvimento de *shaders* para simular a rugosidade de algumas superfícies, possibilitando o reflexo difuso próprio de materiais foscos. A maioria dos *shaders* permite a aplicação graduada do efeito sobre quase todos os materiais. É muito usada para simular tijolos, vasos cerâmicos, vidro jateado etc. Modelos como o Lambertian e o Oren-Nayar introduziram o processo incorporado ao método BDRF. A rugosidade pode, também, ser aplicada sobre uma superfície com o uso de texturas procedurais ou mapas de imagem, criando-se rugosidades irregulares e, por isso, mais realistas. Observe o exemplo da Figura 2.9, em que a bola de bilhar, à esquerda, apresenta bastante desgaste de uso e um nível baixo de aspereza (10% de *roughness*, aproximadamente), ao passo que a bola de *squash*, à direita, tem uma aspereza próxima a 100%.

Figura 2.9 – **Comparativo de nível de aspereza**

2.3.6 Materiais especiais

O *shader BDRF* abrange a maior parte dos materiais, possibilitando uma simulação bastante realista. Leva em conta a divisão entre materiais metálicos (reflexo especular) e dielétricos (reflexo difuso) e permite tanto ajustes na aspereza (*roughness*) quanto incrementações mais específicas (dispersão de subsuperfície ou desvio anisotrópico). Ainda assim, alguns materiais "escapam" de sua abrangência, exigindo *shaders* específicos (volumétricos, por exemplo) ou a combinação de vários *shaders*. Alguns materiais que merecem atenção especial são: cabelo; alguns tecidos, incluindo o veludo; e pinturas de carro mais sofisticadas, que são produzidas por aplicação de camadas, o que dificulta sua simulação.

Materiais de emissão

Embora os programas de modelagem em 3D disponibilizem objetos do tipo fonte luminosa (lâmpadas), muitas vezes é preciso criar objetos luminosos com um *shader* de emissão luminosa. Trata-se de um *shader* que gera raios luminosos na cena, convertendo qualquer malha poligonal em fonte de luz. São amplamente configuráveis (cor e intensidade) e podem ser aplicados tanto à superfície quanto ao volume da malha. Infelizmente, interferem no rebatimento dos raios luminosos (*bounces*) e podem causar falhas no resultado do *render*.

Figura 2.10 – **Shader de emissão aplicado à superfície do modelo (à esquerda) e a seu volume (à direita)**

Leandro da Conceição Cardoso

2.4 *Non-Photorealistic Rendering* (NPR)[4]

Algumas aplicações de animação necessitam de uma renderização mais simples do que o fotorrealismo proposto pelo *shader BDRF*. Desenhos animados tradicionais e animações mais estilizadas demandam um sombreamento simples e uniforme, com pouco detalhamento. Em outros casos, é preciso introduzir estilos gráficos, como traços, texturas e pinceladas, simulando histórias em quadrinhos e animando desenhos técnicos, por exemplo. O NPR se refere a esse tipo de renderização. Técnicas de pós-produção e o desenvolvimento de *shaders* específicos também são aplicados em processos desse tipo.

---

4 Em português, *renderização não realista* (ou *não fotorrealista*). A expressão *renderização estilizada* induz a uma interpretação bastante abrangente. Por isso, optamos pela manutenção do termo original.

Estes *shaders* podem ser aplicados com tal fim:

- *Toon* ou *cel shading*: gera áreas de sombreamento planas com poucas graduações de cor, simulando o sombreamento dos desenhos animados tradicionais e das histórias em quadrinhos. Podem apresentar traços para reforçar a referência.
- *Lambertian shading* (ou *shader* difuso): é um dos *shadings* mais básicos à disposição do animador. Produz reflexos bastante difusos e gradações suaves de claro e escuro, embora não permita transparências (refração) nem reflexos especulares[5].

Figura 2.11 – ***Toon shading* (com adição de traços) e reflexão difusa (do tipo Lambertian)**

---

[5] A maioria dos *softwares* fornecem versões simples de *shaders* de transparência e de reflexo, compondo um conjunto com o Lambertian.

> **O que é?**
> *Cel shading* é a lâmina de celuloide usada na produção de desenhos animados tradicionais.
> Lambertian refere-se à lei do cosseno de Lambert: a quantidade de luz que uma superfície recebe é diretamente proporcional ao ângulo entre a normal da superfície N e a direção da luz L, na qual o *shading* se baseia.

2.5 Mapeamento por imagens

Produzir um bom material envolve três etapas:

1. Observação atenta da natureza e dos objetos ao redor, de seus detalhes, de suas marcas de envelhecimento, da forma como a luz incide etc.
2. Aplicação e configuração de *shaders* que se adequem às características físicas de cada material, garantindo a precisão de luzes, sombras e reflexos.
3. Aplicação de detalhes, texturas e imperfeições à superfície.

Poucas superfícies na natureza são homogêneas. Cada objeto apresenta diversos detalhes, de desenhos e de padrões: em virtude de sua formação, como os veios da madeira e as ranhuras do mármore; em razão de seu uso e de seu manuseio, como as marcas de envelhecimento, as manchas e os arranhões; ou, ainda, devido à presença de diferenças mais aparentes em superfícies complexas, como um muro de pedra e um painel de controle.

Um *shader*, por mais avançado que seja, limita-se a controlar a relação entre luz e superfície (cor, reflexão, transparência etc.).

Para alcançar um nível mais elevado de detalhamento no desenvolvimento de materiais, é necessário introduzir um novo recurso no sistema: o mapeamento por imagens.

Mapear uma superfície com uma imagem é uma operação muito simples e, por isso, como demonstraremos, abre a possibilidade para inúmeros usos e efeitos. Para esclarecermos como é feito o mapeamento de imagens, temos de recapitular alguns conceitos.

2.5.1 Imagem digital

Uma imagem digital é a representação digital de uma imagem bidimensional (um desenho ou fotografia) formada por uma matriz matemática, de modo que cada célula apresenta um valor numérico. Cada valor corresponde a um valor luminoso ou cromático ao ser apresentado em um dispositivo de saída eletrônica, como um monitor. Os pontos cromáticos são chamados, comumente, de *pixels*, e a variação de sua concentração em uma imagem influencia, diretamente, na qualidade final de apresentação e no peso computacional. A concentração de *pixels* em uma imagem é conhecida como **resolução de imagem**.

> **O que é?**
>
> *Bitmap* (mapa de bits) e *imagem matricial* são outros nomes para uma imagem digital. A resolução de uma imagem digital é definida por pontos por polegada quadrada (*dots per inch* – DPIs). Isso significa que, em uma imagem com resolução de 72 DPIs, por exemplo, uma área quadrada com uma polegada de lado, há 72 *pixels* organizados em uma malha ortogonal.

Ao se observar uma imagem digital, apreende-se apenas o que ela representa: uma paisagem ou o retrato de um familiar, por exemplo. Para a computação gráfica, entretanto, o todo formado pelos valores da matriz de *pixels* é um conjunto de informações que permite executar diversas operações e criar vários efeitos. No desenvolvimento de materiais, os mapas de imagem podem influenciar e alterar a aparência, a superfície e, até mesmo, a geometria de modelos em 3D, contribuindo para o detalhamento desses materiais.

Muitos dos efeitos, das máscaras e das operações que envolvem camadas específicas dos programas de edição de imagem usam o mapeamento por imagens. Trata-se de uma ferramenta que tem diversas aplicações na área:

- orientar a mistura de dois ou mais materiais;
- aplicar texturas e padrões (*diffuse mapping*);
- aprimorar a rugosidade (*roughness*);
- mapear a incidência de reflexos;
- simular detalhes, saliências e rugas mais proeminentes sem a adição de geometria (*bump* e *normal maps*);
- reorientar a malha poligonal, produzindo detalhamento e relevo (*displacement mapping*).

Um material completo geralmente é formado pela adição de, pelo menos, três mapas dos listados anteriormente. Um assoalho de madeira, por exemplo, costuma ser formado por um mapa de textura, um mapa de rugosidade e um mapa para detalhes (*normal mapping*), os quais são associados a um *shader* de reflexo difuso, próprio de materiais dielétricos.

Em algumas aplicações, o mapeamento é feito com imagens em tons de cinza; em outras, são usadas imagens coloridas. As primeiras são formadas por um único canal: cada *pixel* pode representar um valor que varia entre 0 e 255, sendo zero o valor referente ao branco e 255 o valor referente ao preto. As segundas (coloridas, ou em RGB) estão presentes em *websites* e em animações. São formadas por três canais de cores: cada *pixel* pode representar um valor entre 0 e 255 para cada canal de cor, combinando-os simultaneamente. O modo RGB é usado, principalmente, no mapeamento de textura e no mapeamento de normais (*normal mapping*).

> **O que é?**
>
> RGB é a sigla que indica os três canais primários no sistema de síntese aditiva (cor e luz): *red*, *green* e *blue* (vermelho, verde e azul, respectivamente). Quando são misturados, formam a cor natural da luz. Nesse modo de cor, um *pixel* pode apresentar até 16 milhões de variações de cores ($256^3 = 16.777.216$).

2.5.2 Mistura de *shaders*

Em muitos casos, é preciso combinar *shaders* na criação de um material. Materiais vazados, como redes de segurança e objetos metálicos com partes enferrujadas, exigem a combinação de vários *shaders*.

Para o mapeamento de mistura de *shaders*, são usadas imagens em tons de cinza. Nesse caso, os *shaders* são combinados a partir dos dados fornecidos pelo mapa (imagem): sendo o material "A" mapeado pelo valor nulo (branco, ou 0), e o material "B" mapeado pelo valor total (preto, ou 255), os diversos tons de cinza graduam a mistura em uma relação matemática direta (o valor 128 representa a mistura homogênea entre os dois materiais). Na Figura 2.12, à esquerda, há material do tipo rede de segurança formado por um *shader* difuso.

Figura 2.12 – **Exemplo de mapeamento de mistura de *shaders***

Leandro da Conceição Cardoso

2.5.3 **Texturização *(diffuse mapping)***

O uso mais comum e simples do mapeamento de imagens é a aplicação de texturas e de padronagens à malha poligonal. Isso, geralmente, está associado ao *shader* difuso.

Texturas são padrões visuais, regulares ou irregulares, próprios de materiais naturais (quase sempre em razão de seu processo de formação). Veios de madeira ou ranhuras de mármore são exemplos de texturas.

O termo *textura* designa o padrão que apresenta certo grau de irregularidade, como as formações minerais. Quando o padrão assume uma regularidade rígida, como um tecido estampado ou xadrez, é nomeado *padronagem* ou, simplesmente, *padrão*[6].

Em alguns casos, as texturas têm uma presença mais tátil (*háptico* é o termo correto), interferindo na superfície do material, como em uma cortiça ou em um tecido grosso. Nesses casos, é comum o uso de dois mapas: um para os aspectos visuais da textura e outro para sua rugosidade diferenciada.

O mapeamento da imagem texturizada é realizado pela aplicação de uma imagem *bitmap* associada ao *shader* de reflexão difuso[7].

Os detalhamentos da superfície são feitos mediante a aplicação de um ou mais mapas em tons de cinza relacionados ao controle de *roughness*, de brilho, de *bump* e de normal, dependendo da especificidade do material. A variação de valor (0 a 255) controla a intensidade do detalhe em relação à superfície aplicada: as áreas próximas ao branco (valor próximo ou igual a zero) representam pouca influência sobre a superfície, ao passo que valores próximos ao preto indicam maior intensidade de influência.

---

[6] Em inglês, a diferença é mais evidente: *texture*, para texturas; e *pattern*, para padrões.

[7] Existem, ainda, as texturas procedurais, que são geradas automaticamente, conforme comentaremos adiante.

Figura 2.13 – **Textura de couro e mapa de rugosidade aplicados à superfície de um cubo**

Leandro da Conceição Cardoso

2.5.4 Mapeamento de rugosidade e mapeamento de reflexão

Reiteramos que superfícies perfeitamente planas são quase impossíveis de existirem no mundo real. Até mesmo espelhos e vidraças podem apresentar defeitos de fabricação, irregularidades, riscos e sujeiras.

Um mapa de rugosidade pode acrescentar diferenças de aspereza, pequenos riscos e demais imperfeições a uma superfície. Um mapa de brilho atua de forma semelhante, mas no sentido inverso: um mapa em tons de cinza associado ao controle de *roughness* ou de reflexão é aplicado à superfície. A variação de valor (0 a 255) controla a intensidade do detalhe em relação à superfície aplicada.

Observe na Figura 2.14 que um mapeamento de rugosidade foi adicionado ao bule e ao tampo da mesa, acrescentando arranhões às superfícies; e um segundo mapa simulou o efeito de vidro jateado na esfera.

Figura 2.14 – **Mapeamento de rugosidade e simulação do efeito de vidro jateado na esfera**

Leandro da Conceição Cardoso

2.5.5 *Bump e normal mapping*

O mapeamento do tipo *bump* gera rugosidades na superfície de uma malha poligonal sem acréscimos a sua geometria. O efeito é obtido ao provocar perturbações na normal do plano, resultando em alterações na incidência da luz sobre a superfície. Nesse caso, aplica-se um mapa em tons de cinza associado a um vetor de *bump* ou um *input* similar, que varia de programa para programa. A variação de valor (0 a 255) controla a profundidade da rugosidade em relação à superfície aplicada. Os valores próximos ao branco (0) exercem pouca ou nenhuma influência sobre a superfície, e os valores próximos ao preto (255) exercem maior influência.

Embora seja semelhante ao *roughness*, o *bump mapping* proporciona um efeito mais acentuado, como se fizesse escavações na superfície do modelo, sem, no entanto, alterar sua silhueta.

O mapa em tons de cinza usado no *bump* também é denominado ***mapa de alturas*** (*heightmaps*). É usado para armazenar valores relativos a elevações de relevo em uma imagem bidimensional. *Heightmaps* também são empregados no processo de *displacement*, assunto que esmiuçaremos à frente.

Figura 2.15 – ***Bump mapping* aplicado com o uso de texturas procedurais**

Leandro da Conceição Cardoso

O *normal mapping* age de forma semelhante ao *bump mapping*, porém é mais sofisticado, caracterizando-se como uma implementação tecnológica com relação ao *bump*. Ademais, usa imagens RGB no processo de mapeamento: "é um mapa RGB em que cada componente corresponde às coordenadas X, Y e Z da normal da superfície" (McDermott, 2018, p. 78, tradução nossa).

Um *normal mapping* é realizado por uma imagem RGB especial desenvolvida por *plugins*, seja em programas de edição de imagem, seja no próprio programa de modelagem em 3D, por meio de um recurso de *pass render*.

O mapeamento de normais é usado para projetar detalhes complexos em geometria simples. É muito utilizado em videogames que exigem uma economia maior de recursos de computação, e no detalhamento de materiais realistas.

Alguns programas permitem a criação de *normal maps* e de outros recursos semelhantes. O processo é denominado *baking* (cozimento) e consiste em uma projeção rápida de uma superfície complexa em um plano, convertendo o detalhamento da geometria em um *normal map*.

Figura 2.16 – **Normal mapping aplicado a dois modelos**

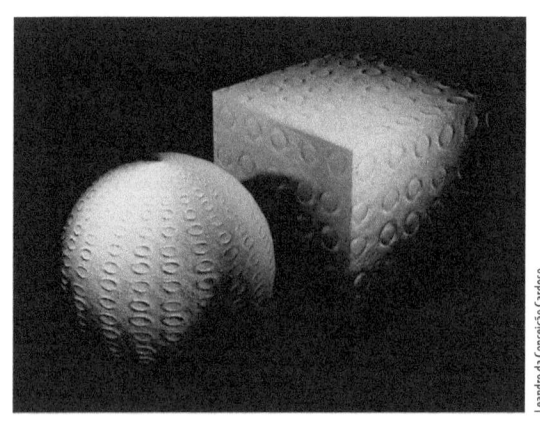

2.5.6 Displacement mapping

Um *displacement mapping* permite reorganizar a geometria de um modelo, orientando o descolamento (altura) dos vértices com base nas informações fornecidas pelo mapa – em geral, por um *heightmap*. Ao contrário do *normal mapping*, o método de deslocamento altera, efetivamente, a malha poligonal do modelo, provocando mudanças em seu arranjo.

Para que o mapeamento correto, a malha poligonal tem de apresentar complexidade geométrica compatível com as alterações mapeadas. O *displacement mapping* não cria geometria; apenas a altera, provocando elevações na superfície. Apesar de ser um recurso versátil, sua implementação exige muita capacidade computacional. É muito útil no desenvolvimento de paisagens (relevo) e no acréscimo de detalhes mais realistas com diferenças acentuadas às alturas da superfície: reentrâncias em pisos rústicos, cotas de malhas etc.

Como mencionamos, a ferramenta utiliza um *heightmap* – isto é, uma imagem em tons de cinza –, cujos valores próximos a zero (branco) elevam os vértices da malha poligonal (paralelos às normais das faces), ao passo que os valores próximos a 255 (preto) resultam no efeito oposto, rebaixando os vértices. O valor de 128 (cinza) representa uma altura neutra.

Figura 2.17 – **Displacement mapping criado por meio de uma textura processual**

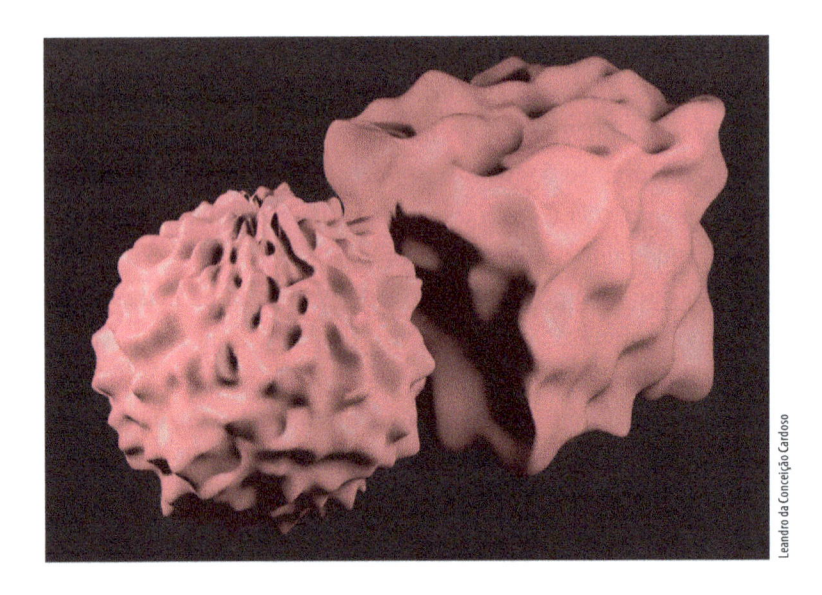

Leandro da Conceição Cardoso

2.5.7 Preparação do modelo para a texturização

Projetar uma imagem bidimensional em um modelo tridimensional não é exatamente um processo fácil. Muitas vezes, é necessário preparar a malha para receber a projeção da imagem corretamente.

Comumente, procede-se à planificação da malha poligonal e a seu encaixe no mapa da textura. Em modelos mais simples, como cubos e esferas, o processo é automatizado ou auxiliado por ferramentas dos *softwares* de modelagem e de animação 3D.

Figura 2.18 – **Esfera (à esquerda) e cubo (à direita) planificados por *software***

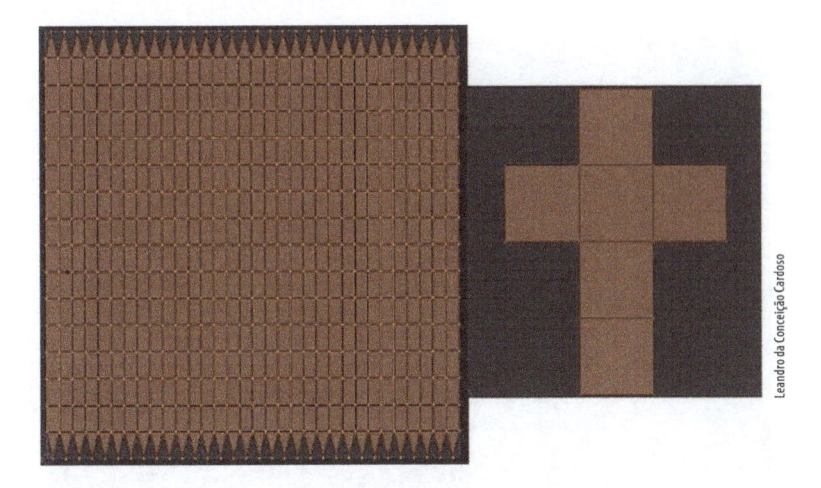

Leandro da Conceição Cardoso

Em modelos mais complexos, como personagens e objetos elaborados, o animador precisa gerenciar o processo, garantindo que a textura "se assente" na malha. Para garantir uma planificação adequada, o animador deve orientar o processo indicando "cortes" na malha – isto é, determinando os pontos de sutura e de junção, planificando a malha do modo correto. Após a planificação, é possível, ainda, realizar ajustes e transformações pontuais, a fim de assegurar o encaixe da textura.

Figura 2.19 – **Modelo de cabeça e sua planificação**

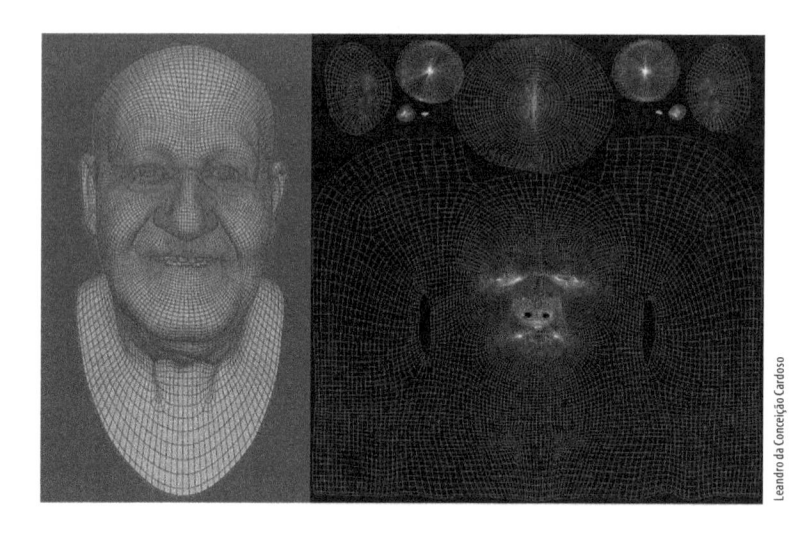

Leandro da Conceição Cardoso

2.6 *Scans*

Uma técnica simples e rápida para agregar detalhes aos *renders* é o uso de *scans*, que são imagens de objetos e de texturas fotografadas em diversos ângulos. Muitas texturas são produzidas com base em imagens fotografadas, sendo seus mapas gerados pela edição em *software* próprio.

O uso de *scans* é recomendado para a aplicação em objetos de cena secundários, a feitura de detalhes (texturas específicas) e visualizações em tempo real, como nos *videogames*.

2.7 Texturas procedurais

Além das texturas baseadas em imagens, o animador tem também a sua disposição opções de texturas geradas eletronicamente a partir de instruções matemáticas (algoritmos). Essas texturas são conhecidas como *procedurais*.

Texturas procedurais são indicadas para a simulação de processos naturais (recriação dos veios do mármore e de outras formações minerais, por exemplo) e a criação de padrões, como tijolos e faixas. São muito úteis no acréscimo de imperfeições e de aleatoriedades em superfícies ásperas (*roughness*) e na simulação de materiais imprecisos, como dunas de areia e neve. Muitas vezes, números fractais e funções de turbulência são acrescentados ao processo, introduzindo aleatoriedade à textura.

Como caraterísticas vantajosas, as texturas procedurais:

- exigem pouca capacidade computacional em comparação às texturas de mapeamento por imagem;
- são altamente parametrizáveis, isto é, permitem uma ampla gama de configurações e de combinações, possibilitando simulações com os mais diversos materiais;
- utilizam parâmetros e modelos que permitem a introdução de aleatoriedade, criando detalhamento e padrões sem repetições;
- cobrem, de maneira uniforme e contínua, a malha geométrica, sem distorções e emendas visíveis;
- apresentam qualidade de resolução e de detalhamento.

Segundo Pietroni et al. (2007), as texturas procedurais se dividem em três categorias principais:

1. **Texturas regulares estruturadas:** apresentam padrões regulares e estruturados. Exemplo: uma parede de tijolos.
2. **Texturas irregulares estruturadas:** apresentam padrões estruturados que não são regulares. Exemplo: a textura de uma parede de pedra.
3. **Texturas estocásticas:** assemelham-se a ruídos, mostrando alto grau de aleatoriedade. Têm uma distribuição de probabilidade aleatória que pode ser analisada estatisticamente, mas não pode ser prevista com precisão. Exemplo: textura *roughness* e grama.

2.7.1 Texturas regulares estruturadas (padrões)

Texturas regulares estruturadas são usadas para criar padrões regulares, como arranjos de tijolos, xadrez e padrões lineares (faixas e arcos). São extremamente parametrizáveis e permitem ampla gama de ajustes e de customização: regular a separação entre tijolos, configurar as proporções de faixas etc.

São usadas, também, na confecção de padrões naturais, como os veios da madeira e as faixas presentes em algumas formações geológicas, orientando sua formação geral de maneira associada a um segundo processo que acrescente distorções ao conjunto.

2.7.2 Texturas irregulares estruturadas

São texturas formadas com base em um princípio gerador aleatório ou não, podendo apresentar configurações irregulares e padrões complexos. Superfícies celulares e minerais são exemplos desse processo, assim como objetos fractais em geral.

Voronoy

Método derivado do diagrama de Voronoy, permite a tesselação do plano, isto é, sua divisão a partir de uma unidade básica (um polígono ou célula, por exemplo), sem a presença de espaço entre as subunidades. Cria um padrão celular estruturado com base na distribuição de pontos em um plano, dividindo-o em regiões adjacentes. Nesse processo, cada célula se expande a partir de seu ponto de origem (também denominado *semente*) até atingir as células adjacentes, estruturando todo o padrão. É considerado um processo pseudoaleatório, uma vez que a distribuição dos pontos de origem pode ser determinada.

> **Preste atenção!**
> Georgy Feodorovich Voronoy (1868-1908) foi um matemático russo notabilizado pela introdução do conceito de tesselação.

Musgrave

O método baseado em fractais é usado para simular formações naturais, principalmente as geológicas. Fractais são:

> Objetos complexos cuja complexidade surge da repetição de dada forma em uma variedade de escalas [...]. Trata-se de um padrão geométrico que se repete em escalas cada vez menores para produzir formas e superfícies irregulares que não podem ser representadas pela geometria clássica. Fractais são usados especialmente na modelagem por computador de padrões e estruturas irregulares na natureza. (Ebert, 2003, p. 571, tradução nossa)

A introdução de fractais eleva o nível de complexidade das texturas geradas. Assim como o Voronoy, esse processo pode ser considerado pseudoaleatório, pois também se baseia em princípios determinados de geração.

Dois de seus usos mais comuns são a geração de *heightmaps* e a criação de paisagens geológicas (montanhas) por mapeamento de deslocamento (*displacement mapping*).

2.7.3 Texturas estocásticas

As texturas estocásticas conferem aleatoriedade às texturas e, por isso, costumam ser associadas a texturas regulares e irregulares, aumentando o realismo das simulações. Também são aplicadas na interpolação de módulos de texturas, permitindo a texturização de áreas extensas e disfarçando a repetição dos módulos.

A aleatoriedade é introduzida, principalmente, por meio da geração de **ruído**.

White e perlin noise

Ruídos são padrões de *pixels* aleatórios formados por estática ou por outro processo eletromagnético – por exemplo, decorrem de interrupções e de interferências na transmissão de sinal analógico e na geração de imagens em aparelhos televisores e em rádios (ruído sonoro). Consistem em oscilações aleatórias de pontos sobrepostas às imagens.

Desenvolvido por Ken Perlin, o **ruído de Perlin** confere suavidade gradual no ruído, permitindo aplicar interferência e deformações em padrões pseudoaleatórios por meio de funções matemáticas.

SÍNTESE

No desenvolvimento de materiais, a renderização baseada em física (PBR) e a abordagem bidirecional (BDRF) promoveram novas possibilidades de precisão na simulação do comportamento da luz e na representação realista dos materiais nos processos de renderização em computação gráfica.

O mapeamento por imagens multiplicou as opções, interferindo na incidência da luz sobre o modelo tridimensional e orientando sua morfologia (*displacement*). As texturas inserem detalhes mais sofisticados, além de aleatoriedades e desvios, características dos elementos naturais.

Ikin Ikin/Shutterstock

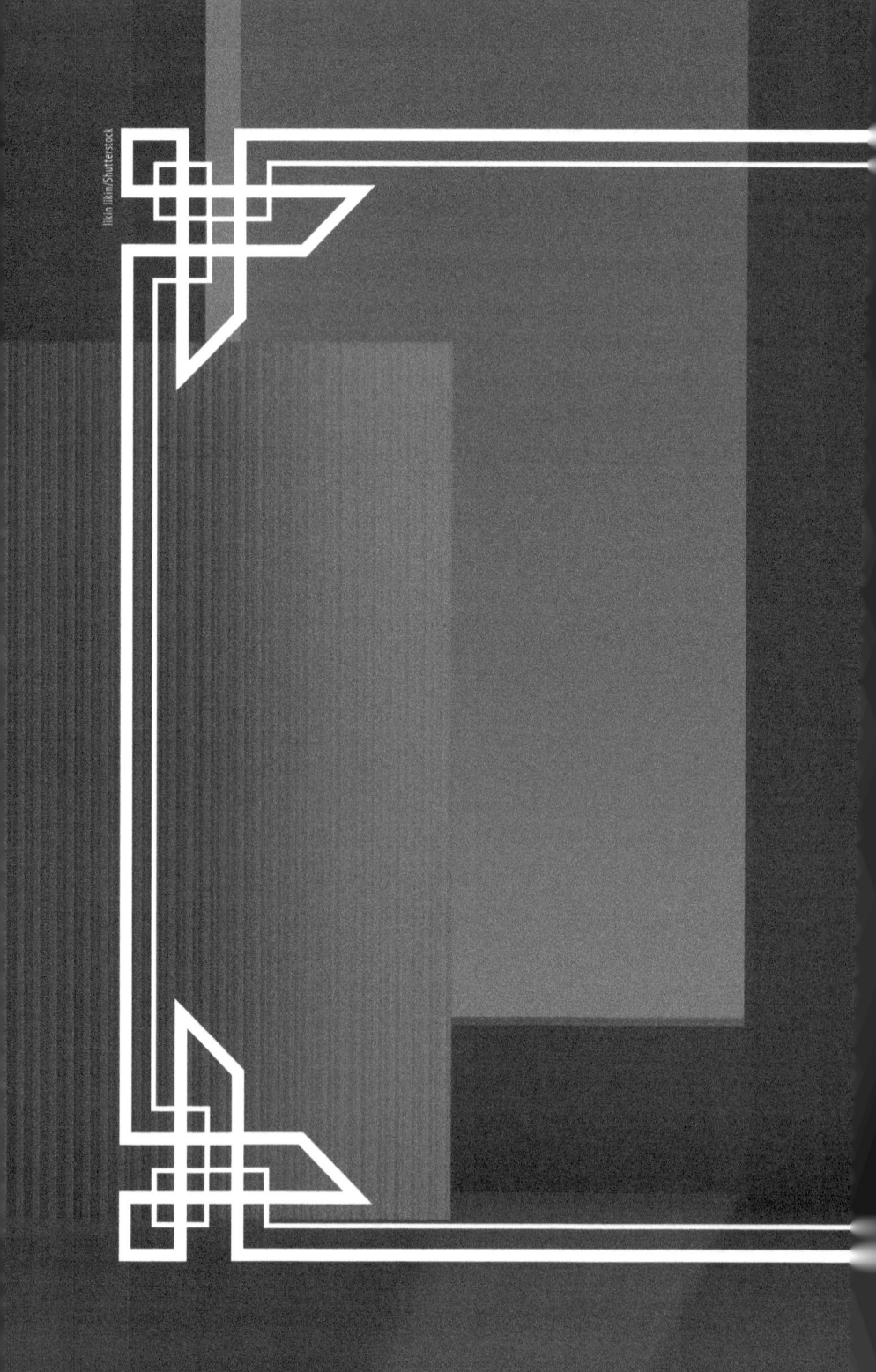

CAPÍTULO 3

FOTOGRAFIA E ILUMINAÇÃO

Neste capítulo, abordaremos dois tópicos estritamente ligados ao processo de criação e de renderização de imagens e de cenas na computação gráfica: a linguagem fotográfica e a técnica de iluminação. Já enunciamos em capítulos anteriores que a fonte luminosa, em conjunto com a câmera, forma a estrutura técnica para o processo de renderização. Até este ponto, tratamos do funcionamento do conjunto, contemplando a trajetória dos raios luminosos, sua incidência sobre os objetos em cena e diversos métodos de rastreio e de projeção por parte da câmera.

Apesar de ser superficial, nossa abordagem já indicou algumas similaridades entre o processo de renderização de uma imagem digital e o processo fotográfico. Ambos podem ser caracterizados como técnicas de projeção de imagem, e muito do desenvolvimento das técnicas de renderização é fundamentado na simulação da fotografia.

Para extrair todo o potencial visual das cenas em desenvolvimento, é imperioso ter ciência de como a fotografia e a iluminação funcionam em conjunto, enriquecendo a visualidade das imagens renderizadas, como ocorre na linguagem do cinema e da animação tradicionais.

A técnica fotográfica compreende todo o funcionamento da câmera fotográfica, do enquadramento da cena à configuração do equipamento. Por essa razão, clarificaremos o processo fotográfico, sua técnica e sua linguagem. Detalharemos como é composto o quadro correto de cena, criando uma relação harmônica entre os objetos expostos. Também explicaremos como é a captação correta da iluminação, o acréscimo de efeitos e distorções por meio do uso de lentes, expondo as características visuais da fotografia.

A iluminação constrói a visualidade da cena, englobando desde seus aspectos concretos (como sua textura, a paleta de cores e a expressão correta do volume dos objetos) até os mais subjetivos (aqueles de caráter simbólico que influenciam a interpretação da cena), possibilitando leituras com base no arranjo entre luz e sombras. Comentaremos sobre os vários tipos de fontes luminosas, suas características, suas variações e sua combinação no *setup* de iluminação.

Um *setup* de iluminação é o arranjo de um ou mais acessórios e fontes luminosas que formam a iluminação de uma cena de acordo com as orientações do diretor de fotografia.

3.1 Direção de fotografia

A renderização está diretamente ligada à fotografia, que consiste no "processo de capturar e registrar luz para produzir uma imagem" (McHugh, 2019, p. 14, tradução nossa). Para que o processo seja bem-sucedido, é necessário conhecer os recursos técnicos e, assim, traduzir corretamente as diretrizes criativas apontadas no roteiro e nas etapas de produção.

A direção de fotografia encarrega-se da captação do filme em desenvolvimento, garantindo seu bom funcionamento técnico (enquadramento e foco, por exemplo) e a construção da linguagem cinematográfica pretendida (o movimento da câmera intensifica as cenas de ação). O diretor de fotografia, portanto, tem atribuições técnicas e estéticas.

Em algumas produções, o diretor da animação desenvolve a linguagem visual da produção em parceria com o diretor de fotografia, que assume também a iluminação. Em outros casos, um terceiro profissional responde pela direção de iluminação. Pequenos estúdios e artistas independentes costumam concentrar ambas as funções.

São atribuições da direção de fotografia:

- **Enquadramento**: as escolhas nesse quesito dirigem a atenção do público por meio da criação de planos, de linhas e da composição da cena; "é uma questão de transmitir a história, mas também de composição, ritmo e perspectiva" (Brown, 2012, p. 4, tradução nossa).
- **Luz e cor**: o controle da luz e da paleta de cor da produção gera uma nova camada de significação para o conteúdo encenado.
- **Escolha das lentes**: cria a espacialidade da cena, ampliando ou reduzindo o campo visual e, em alguns casos, produzindo distorções e perspectivas diferenciadas.
- **Movimento**: estabelece o ritmo da ação captada, atraindo o espectador para a cena, além de influenciar sua percepção a respeito da ação que se desenrola.
- **Textura**: acrescenta gramatura à produção, um aspecto geral presente em toda a visualidade da produção. O uso de um filtro, de cores pouco saturadas e de um contraste acentuado são exemplos de recursos que produzem a textura geral da produção. Muitas vezes, a textura é acrescentada na fase de pós-produção e simula aspectos de filmes analógicos. Pode, ainda, ser aplicada por meio de correção de cor.

- **Ambiência:** situa a narrativa, fornece informações visuais que complementam a narrativa, informando ao espectador o local em que ocorre a ação.

3.2 Breve história da fotografia

As primeiras fotografias foram fruto da associação de dois elementos: (1) um dispositivo óptico e mecânico e (2) os processos químicos. "Para que a fotografia (a palavra significa 'escrever com luz') pudesse ser inventada, foram necessários dois elementos. Um era um dispositivo óptico e mecânico para formar uma imagem. O outro era um procedimento químico para fazer um registro permanente da imagem" (Sandler, 2002, p. 8, tradução nossa).

A história da fotografia pode ser dividida em três segmentos: pré-história, advento da fotografia e era digital. A primeira divisão diz respeito ao surgimento das diversas técnicas de projeção de imagem e aos estudos da ótica que, desde a Renascença, instigam cientistas e criadores: "Em meados do século XVI, astrônomos e artistas estavam usando um dispositivo chamado de câmera obscura ('câmara escura') para visualizar eclipses e outros fenômenos solares e fazer desenhos. As primeiras câmeras obscuras eram quartos literalmente escuros" (Sandler, 2002, p. 8, tradução nossa).

Figura 3.1 – **Câmara escura**

O princípio ótico que possibilita o funcionamento da câmara escura é bastante interessante. Em um cômodo totalmente vedado, um pequeno orifício é feito em uma das paredes. Por esse orifício, os raios luminosos do ambiente exterior convergem e penetram na câmera, projetando uma imagem invertida – isto é, de cabeça para baixo – na parede oposta. A técnica foi bastante difundida entre pintores e cientistas. No século XVII, já havia versões portáteis e processos de projeção semelhantes.

O segundo segmento, o advento da fotografia, foi resultado da persistência e do desejo de realizar o registro permanente do real em todos os seus detalhes. Esse desejo levou, aproximadamente, quatro séculos para se concretizar, até que, em 1839, Louis Jacques Mandé Daguerre (1787-1851) inventou o daguerreótipo; e, em 1841, William Henry Fox Talbot (1800-1877) apresentou seu calótipo (ou talbótipo). Trata-se de duas técnicas pioneiras, antecessoras do processo fotográfico analógico.

As invenções de Daguerre e de Talbot evoluíram ao longo dos séculos XIX e XX, tornando o ato fotográfico popular e acessível com a introdução do filme de bobina (rolo) e das câmeras compactas. A partir da década de 1940, os filmes coloridos passaram a ser difundidos, assim como as primeiras câmeras "instantâneas".

Na fotografia analógica, a imagem é fixada, quimicamente, no pequeno plano de projeção em que se posiciona o filme fotográfico. Posteriormente, o filme exposto – isto é, já fotografado – passa por um processo de banhos químicos e de ampliações no laboratório de revelação, sendo fixado, permanentemente, em papel fotográfico. A câmera fotográfica moderna nada mais é do que uma versão compacta da câmera escura acrescida do dispositivo que permite a fixação permanente da imagem (o filme fotográfico).

O terceiro segmento, bem mais recente, ocorreu entre as décadas de 1980 e 1990, quando o processo fotográfico passou a ser digital, eliminando o uso de filme e de negativo. Nesse novo contexto, foi introduzido o uso de *softwares* de edição de imagem em substituição ao laboratório de revelação. Na fotografia digital, o filme é substituído por um sensor eletrônico que converte os raios luminosos que penetram na câmera em informação digital e, posteriormente, em imagem.

3.3 Câmera fotográfica

Uma câmera fotográfica profissional é composta de duas partes: o corpo da câmera e suas lentes. "O corpo da câmera controla ou auxilia principalmente no seguinte: quanta luz é recebida, onde e como focar, como as informações da imagem são estilizadas e gravadas e como uma imagem é visualizada" (McHugh, 2019, p. 18, tradução nossa).

Os modelos mais difundidos são os de câmera reflexiva de lente única (*digital single-lens reflex* – DSLR). Têm esse nome em virtude de o visor, por meio do qual o fotógrafo opera a câmera, enquadrando o tema, utilizar a mesma lente que captura a imagem no sensor. A lente é reflexiva porque utiliza um pequeno jogo de espelhos, que rebate a imagem captada até o visor.

> **Preste atenção!**
>
> Você já ouviu algum *click* na hora de tirar uma *selfie*? Em câmeras tradicionais, esse som é produzido pelo sistema de espelhos que, por meio de um mecanismo, move-se, permitindo a abertura e a exposição do sensor fotográfico, captando a imagem. No entanto, nos *smartphones* – que, geralmente, são *mirrorless* (sem o sistema de espelhos), o som costuma ser reproduzido por um arquivo de áudio. Por isso, pode ser desativado pelo usuário.

O sistema SLR oferece duas vantagens para o fotógrafo: (1) o visor apresenta a mesma luz que o sensor da câmera, possibilitando ter uma estimativa melhor da quantidade de luz captada pela lente;

e (2) a paralaxe da imagem captada é evitada. A paralaxe é um desvio ótico que distorce a posição original do objeto em relação ao enquadramento da imagem.

3.3.1 Sensor fotográfico

Dentro do corpo da câmera, o sensor é o elemento principal. Consiste em um *chip* fotossensível que capta a luz e a converte em informação digital, substituindo o filme fotográfico na transição do processo analógico para o digital. É o plano de projeção em que a imagem é formada. Algumas características técnicas determinam o bom funcionamento do sensor e a geração de imagens de qualidade:

> o sensor determina muito mais do que apenas a janela em sua cena: ele controla quantos detalhes você será capaz de extrair, quais lentes você poderá usar e o efeito que elas terão e se a iluminação dramática pode ser totalmente registrada – desde as sombras mais profundas até os destaques mais brilhantes. (McHugh, 2019, p. 18, tradução nossa)

A qualidade do sensor está associada a suas dimensões e à tecnologia de fabricação. Sensores *full frame* apresentam as mesmas dimensões do filme analógico de 35 mm (36 mm × 24 mm) e são bastante difundidos.

> **O que é?**
>
> O termo *full-frame* refere-se ao aproveitamento total da luz captada pelo quadro (*frame*). Sensores *cropped* (cortados) têm um aproveitamento parcial, visto que, literalmente, cortam as bordas da imagem projetada a partir das lentes. Sensores *full-frame* permitem melhor captação da luz e maior cobertura de enquadramento (muito útil para fotografias arquitetônicas, por exemplo).

Nos sistemas de renderização, conforme explicamos nos capítulos anteriores, a câmera determina o ponto de vista e as dimensões do plano de projeção. A câmera virtual, por ser altamente configurável, permite a perfeita simulação de um sensor *full-frame* e de qualquer outro formato. As diversas *render engines* disponíveis no mercado oferecem os mais diversos recursos de configuração, aproximando-se bastante do funcionamento das máquinas fotográficas.

Antes de discorrermos sobre as lentes fotográficas e seu funcionamento, abordaremos a operação de uma câmera fotográfica no momento de exposição.

3.4 Técnica fotográfica

Mais do que captar a luz, fotografar implica controlar a luz. Ao captar uma cena, o fotógrafo lida com duas situações. Na primeira delas, mais espontânea, a luz escapa do controle do fotógrafo. Seja no caso de uma fotografia de paisagem, seja no registro de um evento social, a luz é determinada pelo contexto e, assim, deve-se regular o equipamento buscando a captação correta da cena. Na segunda situação, o fotógrafo tem controle total da iluminação. Geralmente, isso acontece em estúdio, ambiente em que a iluminação é planejada. Isso simplifica a configuração da máquina fotográfica.

As cenas externas representam uma situação intermediária. Nesse caso, o uso de equipamentos portáteis (de *flashes* até geradores) proporciona o controle parcial da iluminação.

Em qualquer situação, é preciso ajustar o equipamento fotográfico à iluminação da cena. Esse ajuste básico é conhecido como controle de exposição e, literalmente, determina a quantidade de luz que incidirá sobre o sensor fotográfico.

3.4.1 Controle de exposição

Três fatores determinam o controle da exposição fotográfica:

1. **Velocidade de exposição:** refere-se ao tempo que o sensor fica exposto aos raios luminosos.
2. **Abertura do obturador:** é a área de abertura por onde entra a luz.
3. **Sensibilidade do sensor:** corresponde à velocidade ISO que determina a sensibilidade da câmera à luz captada.

A **velocidade de exposição** controla o tempo de abertura do obturador. É o processo de abrir e fechar da câmera, que produz o conhecido *click*. Varia desde frações de segundo (1/8000s) até a opção *bulb*, quando o fotografo mantém o obturador aberto ao pressionar o disparador da máquina.

Seu funcionamento é obvio: quanto mais tempo ficar aberto, mais luz atingirá o sensor. Assim, as velocidades mais altas (frações de segundos) são usadas em situações de maior iluminação (cenas externas, por exemplo), ao passo que as mais lentas são reservadas às situações de pouca luz.

O **obturador** ou **diafragma** controla o tamanho da abertura da câmera por meio de um sistema de lâminas que se abrem e se fecham, aumentando ou diminuindo a área de exposição e a convergência dos raios luminosos. Como acontece com o tempo de exposição, uma abertura maior aumenta a luz, ao passo que uma abertura menor a limita.

A abertura do obturador é medida em *f-stop*. Seu valor define a fração de abertura em relação à abertura total da lente. Por isso, são grandezas inversamente proporcionais: uma abertura em f/2.0 é maior do que uma abertura f/16. O valor f/2.0 indica que metade da área do obturador está aberta, já o valor f/16 indica que apenas 1/16 da área está aberta.

Figura 3.2 – **Diagrama da abertura do diafragma e do valor *f-stop* correspondente**

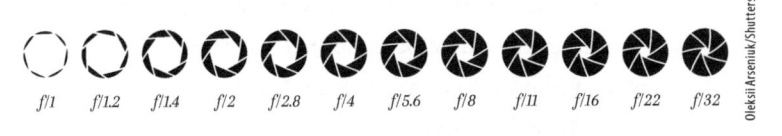

f/1   f/1.2   f/1.4   f/2   f/2.8   f/4   f/5.6   f/8   f/11   f/16   f/22   f/32

Oleksii Arseniuk/Shutterstock

A **velocidade ISO** é o terceiro vértice do *triângulo de exposição*, como é conhecido o funcionamento dos três recursos. Ela determina a sensibilidade da câmera à luz captada, simulando as particularidades técnicas dos antigos filmes analógicos. Um valor crescente de ISO assinala maior sensibilidade à luz.

> As velocidades ISO comuns incluem 100, 200, 400 e 800, embora muitas câmeras também permitam valores menores ou maiores. Com câmeras compactas, uma velocidade ISO na faixa de 50-400 geralmente produz ruído de imagem aceitavelmente baixo, enquanto com câmeras SLR digitais, uma faixa de 100-3200 (ou até mais alta) é geralmente aceitável. (McHugh, 2019, p. 34, tradução nossa)

Valores mais altos na velocidade do ISO influenciam a qualidade final da imagem captada e causam ruídos, grânulos ou variações de cor e de brilho na imagem, prejudicando sua nitidez. Fotógrafos procuram manter a velocidade ISO o mais baixa possível, controlando a iluminação e os demais elementos do triângulo de exposição (aumentando a abertura ou o tempo de exposição, por exemplo), reservando os valores mais altos para cenas noturnas e ocasiões excepcionais.

3.4.2 Triângulo de exposição

Os três recursos básicos da máquina fotográfica funcionam sincronicamente no ajuste da exposição fotográfica. O tempo de exposição, a abertura e a velocidade ISO são manipulados simultaneamente, equilibrando a quantidade de luz capturada.

Além de influenciar a exposição de luz, cada um dos recursos pode modificar a fotografia a sua maneira, em razão de suas particularidades técnicas. A velocidade de abertura, por exemplo, altera a captura de motivos em movimento. Ao registrar uma corrida de bicicletas, por exemplo, o fotógrafo tem a opção de registrar os ciclistas que passam, paralisados no ar, com mais nitidez, ajustando sua câmera a uma velocidade mais alta do que a das bicicletas. Pode, ainda, decidir registrar o "borrão" (*motion blur*) causado pela passagem dos ciclistas, ajustando sua câmera a uma velocidade mais lenta do que o conjunto. Nos dois casos, o fotógrafo altera a quantidade de luz captada. Assim, pode ser necessário ajustar a abertura ou a velocidade ISO.

A abertura do obturador também influencia a imagem fotografada por meio da profundidade de campo (*depth of field*):

> A configuração de abertura de uma câmera afeta a distância da lente até onde os objetos parecem aceitavelmente nítidos, tanto na frente quanto atrás do local que a câmera está focalizando. Essa faixa de nitidez é comumente referida como *profundidade de campo* e é uma importante ferramenta criativa em retratos para isolar um objeto de seus arredores, fazendo com que o objeto pareça mais nítido do que o pano de fundo. Ele também pode maximizar os detalhes por toda parte, como em uma vista de paisagem expansiva. (McHugh, 2019, p. 33, tradução nossa)

Quanto maior for a abertura (*f-stop* baixo), menor será a área de nitidez a partir do ponto focal, aumentando o efeito de contraste entre o objeto nítido e o fundo borrado: "por exemplo, f/2.8 ou inferior são configurações comuns quando uma profundidade de campo rasa é desejada, ao passo que f/8.0 ou superior são usados quando a nitidez total é essencial" (McHugh, 2019, p. 33, tradução nossa).

Figura 3.3 – **Exemplo de profundidade de campo**

Yevhenii Chulovskyi/Shutterstock

Atente-se ao fato de que uma abertura muito alta pode representar um aumento considerável na quantidade de luz captada, sendo necessária uma revisão na velocidade de exposição.

Existe uma razão direta entre a velocidade de exposição e o tamanho da abertura, conforme assinala McHugh (2019, p. 18, tradução nossa): "cada vez que o valor de *f-stop* diminui pela metade, a quantidade de luz captada quadruplica".

O ISO, como já mencionamos, altera a nitidez da imagem, causando a aparição de ruídos quando empregado em valores mais altos. Por isso, a recomendação é manter a velocidade ISO o mais baixa possível.

Em estúdios fotográficos, principalmente em ensaios publicitários, o arranjo do *setup* de iluminação e a projeção de luzes relativamente altas são configurados para garantir a manutenção da velocidade ISO em valores baixos, viabilizando, assim, a captação de fotografias nítidas.

3.4.3 Fotometria

Já explicamos que o triângulo de exposição regula a quantidade de luz que entrará na câmera no momento da exposição. No entanto, como saber quais são as regulagens que garantirão o registro satisfatório da cena? Um quarto elemento é fundamental para a configuração correta da exposição: a fotometria.

A fotometria é a medição da quantidade de luz disponível no momento da exposição. Pode ser feita por um fotômetro (um acessório fotográfico) ou pela própria câmera fotográfica. Os fotômetros externos medem, pontualmente, a quantidade de luz que incide sobre o objeto colocado próximo ao ponto de análise. Por sua vez, o fotômetro embutido na câmera mede a luz refletida pelo objeto focalizado em direção ao sensor. Quando a câmera é apontada para o objeto, realiza uma rápida leitura da luz refletida e calcula sua quantidade em relação a sua configuração de exposição.

A medição da luz pelo sensor da câmera gera três respostas possíveis:

1. **Cena subexposta:** há pouca luz disponível, ou seja, o registro ficará escurecido.
2. **Cena superexposta:** há uma quantidade excessiva de luz, ou seja, o registro ficará demasiadamente claro (o termo corrente é *estourado*).
3. **Cena com quantidade equilibrada de luz:** o registro será satisfatório.

Figura 3.4 – **Fotômetro**

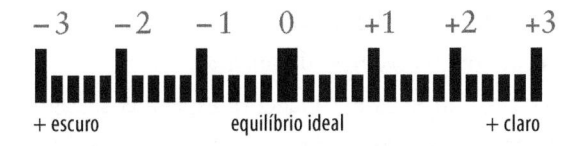

```
  -3    -2    -1    0    +1    +2    +3
 ▌▍▍▍▎▌▍▍▍▎▌▍▍▍▎▌▍▍▍▎▌▍▍▍▎▌▍▍▍▎▌▍▍▍
  + escuro        equilíbrio ideal        + claro
```

Nas duas primeiras situações, o fotógrafo tem de ajustar a configuração da câmera, compensando o desvio na exposição. Entretanto, em alguns casos, principalmente em cenas com pouquíssima luz, os ajustes podem não ser suficientes, e o fotógrafo tem de aumentar a quantidade de luz com um acessório de iluminação (como um *flash*).

Além de as velocidades ISO muito altas prejudicarem a nitidez da imagem, aberturas muito longas do obturador podem borrar a cena captada, seja em razão do movimento das pessoas em cena, seja pela mão do fotógrafo. Fotografias de longa exposição quase sempre são realizadas com o auxílio de um tripé.

3.5 Lentes e objetivas

Além do corpo da câmera (que contém a câmara escura), do sensor e de todo o aparato eletrônico que possibilita as configurações e o funcionamento do equipamento, as lentes completam o conjunto fotográfico.

Geralmente, as câmeras profissionais possibilitam o uso de um conjunto de diferentes lentes, que são chamadas *lentes intercambiáveis*. Cada tipo atende a um objetivo fotográfico específico.

As lentes fotográficas, também denominadas **objetivas**, formam a imagem projetada no sensor do aparelho fotográfico. Em geral, uma objetiva fotográfica é composta de várias lentes dispostas, paralelamente, ao longo do corpo da objetiva.

As objetivas têm usos e aplicações específicos. Algumas são projetadas para registrar pequenos objetos e detalhes, ao passo que outras captam imagens a uma distância considerável. Lentes são usadas em microscópios, para ampliar uma imagem centenas de vezes. Isso permite a visualização de bactérias e de detalhes celulares. São usadas, também, em telescópios, garantindo a observação de planetas e de estrelas a muitos quilômetros de distância.

As objetivas são classificadas de acordo com sua distância focal, que

> Determina seu ângulo de visão, ou o ângulo entre as bordas de todo seu campo de visão. Ela também determina o quanto o assunto será ampliado para determinada posição fotográfica. Por exemplo, lentes grande-angulares têm distâncias focais curtas, ao passo que lentes telefoto têm distâncias focais correspondentes mais longas. (McHugh, 2019, p. 89, tradução nossa)

A distância focal se mede entre o ponto de formação da imagem (dito *ponto nodal*) e o sensor (plano de projeção) da câmera. Dada em milímetros, determina o alcance e a abertura do ângulo de visão da lente. Uma lente 11 mm, por exemplo, tem um ângulo de abertura de 180°, ao passo que uma de 90 mm tem um ângulo extremamente fechado, de 3°. Portanto, a distância focal é inversamente proporcional ao ângulo de visão da objetiva.

Figura 3.5 – **Comprimento focal da lente**

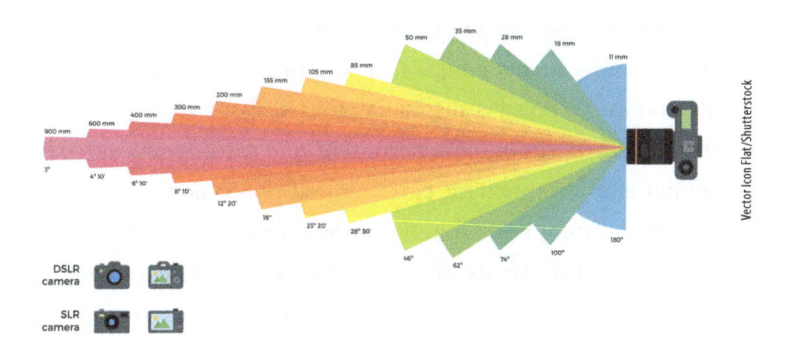

As objetivas são classificadasem:

- **Grande-angular:** tem distâncias focais muito curtas e, por isso, permite um campo de visão extremamente amplo. Seu exemplo mais comum é a lente "olho de peixe", que, com distâncias focais entre 8 e 16 mm, forma imagens angulosas, bastante deformadas, geralmente encurvando as linhas da cena.
- **Teleobjetiva:** tem longas distâncias focais (acima de 135 mm) e, por isso, permite a captação e a ampliação de motivos relativamente distantes do fotógrafo. É usada, com frequência, em registros da vida selvagem e na cobertura de esportes.
Uma objetiva só é considerada teleobjetiva quando sua distância focal é maior do que seu comprimento físico, isto é, a imagem se forma fora da objetiva. Entretanto, é comum objetivas de longo alcance serem qualificadas como teleobjetivas.
- **Objetiva normal:** tem distância focal entre 20 e 100 m, apresenta maior versatilidade de uso e é utilizada tanto para retratos quanto para paisagens.

Algumas objetivas são denominadas *primes* ou *fixas* quando têm distâncias focais constantes. Outras, entretanto, permitem a flexibilização de suas distâncias focais. Essas são classificadas como *objetivas zoom*, pois permitem que o fotógrafo aproxime (amplie) e afaste o tema a partir de seu ponto de vista. Uma objetiva 16-50 mm, por exemplo, apresenta uma variação em sua distância focal de 16 até 50 mm, tendo um fator de *zoom* de até 3×. Existem, ainda, as objetivas do tipo macro, desenvolvidas para a captação de pequenos detalhes e ampliações.

3.6 Fotografia e renderização

A transposição dos recursos fotográficos para a renderização é determinada pelas opções de configuração disponibilizadas pela *render engine*. Alguns *softwares* são bastante abrangentes, oferecendo a simulação e o controle dos diversos recursos para os ajustes de exposição.

Nos programas de modelagem, no objeto câmera, a distância focal é medida do plano de projeção até às coordenadas da câmera. O ponto de vista e as dimensões do plano de projeção são amplamente configuráveis e possibilitam a simulação do sensor *full-frame*.

Algumas *render engines* oferecem correção de cores e outros ajustes de imagem, como contraste, saturação e gama, tanto no momento da renderização quanto na pós-produção. Profundidade de campo e foco também são bastante acessíveis nos diversos sistemas de renderização. Em alguns casos, câmeras, filmes e objetivas são simulados em todos os seus aspectos, facilitando a simulação do conjunto de características que definem a imagem gerada por determinado modelo de câmera ou filme analógico.

Há vários *softwares* de edição de imagens e vídeos que são excelentes opções de recursos de pós-produção para as cenas renderizadas. Alguns bons *softwares*, inclusive, são gratuitos.

3.7 Cores

O ajuste e o equilíbrio das cores constituem uma etapa fundamental no desenvolvimento da fotografia e da renderização. Alguns conceitos básicos devem ser compreendidos, facilitando o balanço cromático da imagem:

- **Contraste:** é a comparação de duas ou mais cores, evidenciando suas diferenças. Cores complementares apresentam maior contraste entre si, ao passo que cores análogas têm menos contraste. O contraste de valor descreve a diferença entre claro e escuro, entre brilhos e sombras. Luzes mais intensas costumam produzir maior contraste entre as áreas de luz e de sombra, havendo poucas passagens graduais (cinzas).
- **Brilho:** é a influência da luminosidade sobre uma cor. Não deve ser confundido com *luminosidade*, que é uma propriedade específica de cada cor (o amarelo, por exemplo, é mais luminoso do que o violeta). Quando uma luz incide sobre uma cor, aumenta seu brilho, aproximando seu valor do branco.
- **Matiz (*hue*):** é a cor real de um objeto. Cada matiz corresponde a uma das cores do espectro cromático. Com a saturação e sua luminância (valor), forma a cor como o olho humano a percebe.
- **Saturação:** é o grau de pureza de um matiz, sua intensidade. Os tons puros são altamente saturados. Cores se tornam dessaturadas quando são misturadas com tons de cinza.
- **Luminância (ou valor):** é a quantidade de luz refletida por uma cor, e indica quão clara ou escura é uma tonalidade. Adicionar branco a um matiz o torna mais claro e aumenta seu valor ou luminância. Consequentemente, adicionar preto o torna mais escuro e diminui seu valor ou luminância.

Matiz, saturação e luminância formam a cor conforme o olho humano a apreende. Ajustes de cor costumam são feitos mediante manipulação desses três elementos, algo denominado *modelo HSV*. Ao se manipular o matiz, por exemplo, é possível deixar os vermelhos de uma cena mais alaranjados; também se pode intensificar a saturação de objetos captados sob uma iluminação dispersa, como a de um dia nublado. Aumentos no brilho costumam atenuar a saturação das cores, e alguns ajustes podem ser necessários.

Imagens mais contrastantes, seja na relação entre brilhos e sombras, seja em virtude da intensidade de suas cores, costumam ter mais impacto visual e mais vibração. O aumento no contraste diminui os tons intermediários entre as cores e as luzes em uma cena, produzindo um conjunto mais harmônico.

3.8 Composição visual e enquadramento

Mesmo em uma fotografia espontânea, o fotógrafo deve organizar os elementos enquadrados na cena. Na direção de fotografia para cinema e para animação e na realização de fotografias comerciais, a composição visual é fundamental na produção de narrativas visuais e de imagens impactantes. A correta disposição dos itens em cena determina sua estrutura e sua mensagem, estabelece hierarquias entre os elementos enquadrados, direciona o olhar do espectador e cria ritmo e balanço.

Figura 3.6 – **Composição visual**

No enquadramento da Figura 3.6, é possível perceber a predominância de linhas diagonais na composição do quadro. O fotógrafo deslocou o ponto de fuga da imagem para a direita, aumentando seu dinamismo visual. As linhas verticais (dos prédios) que complementam a composição estabelecem uma cadência rítmica até o ponto de fuga, no fim da rua.

Linhas horizontais transmitem calma e segurança e são muito usadas em cenas panorâmicas e em tomadas mais contemplativas; já linhas verticais transmitem leveza e ascensão. As linhas diagonais criam tensão visual e dinamismo e, por isso, são mais utilizadas em cenas de ação.

O enquadramento corresponde à composição equilibrada de todo o quadro, criando áreas proporcionais entre os diversos elementos presentes. O fotógrafo deve levar em consideração os espaços vazios ou negativos ao compor sua imagem. Sombras e reflexos têm tanto ou mais peso visual do que os objetos e os personagens em cena. Todo o conjunto contribui para a composição do quadro.

A linguagem visual se fundamenta em oito princípios básicos, que, quando equilibrados, formam um enquadramento adequado:

1. Unidade.
2. Balanço.
3. Tensão visual.
4. Ritmo.
5. Proporção.
6. Contraste.
7. Textura.
8. Direcionalidade.

3.8.1 Regra dos três terços

Existem muitas maneiras de enquadrar um tema em uma composição fotográfica. Muitas vezes, centraliza-se o objeto principal, enfatizando-o. Contudo, existem maneiras mais interessantes de enquadrar os objetos em cena, determinando sua ênfase ou mantendo o equilíbrio entre as diversas partes da composição.

A técnica mais difundida entre fotógrafos é a regra dos três terços: sua estrutura deriva da **proporção áurea**, um esquema matemático amplamente utilizado na Grécia antiga e no Renascimento.

Figura 3.7 – **Proporção áurea**

Se a proporção áurea é embasada em alguns cálculos matemáticos pouco práticos para a atividade do fotógrafo, a regra dos três terços é simples e direta. Como o nome sugere, o plano fotográfico é dividido em nove partes iguais: três terços verticais e três terços horizontais, estabelecendo dois eixos verticais e dois horizontais de forte apelo visual e quatro pontos de atração (encontros entre os eixos). Tanto os eixos quanto os pontos de intersecção imaginados estruturam a imagem, permitindo um enquadramento assimétrico e, ainda assim, equilibrado e proporcional.

Figura 3.8 – **Plano fotográfico**

Cookie Studio/Shutterstock

No exemplo da Figura 3.8, a mulher foi posicionada no segundo eixo vertical do esquema. Perceba como a área em branco, mesmo vazia, estabelece uma relação proporcional com a área ocupada pela modelo.

3.9.2 Enquadramento e cinema

Ao longo dos anos, foram criados na linguagem cinematográfica certos padrões e técnicas, os quais a definiram. Se o cinema tem uma linguagem, o enquadramento é seu vocabulário: o modo como a câmera se aproxima e recorta o tema conta uma história, orienta o olhar do espectador e situa a ação em um local específico.

Alguns formatos e cortes foram se consolidando e formando um repertório disponível para o fotógrafo, com enquadramentos, ou planos, para contar uma história. Entre os vários planos, destacam-se:

- **Plano amplo (ou plano geral)**: é o enquadramento que engloba toda a cena e fornece uma informação geral do espaço de ação. Pode ser uma tomada ampla de uma grande propriedade ou um cômodo. O plano geral situa a cena em determinado lugar.
- **Tomada de ambiência** (*establishing shot*): geralmente, é uma versão do plano geral. Tem a função específica de informar o local de ação da cena ou uma mudança de cenário. Por exemplo, a tomada da fachada de um prédio indica que as próximas cenas se desenrolarão em seus escritórios.
- **Plano total**: todo o personagem é enquadrado, da cabeça aos pés.
- *Cowboy* **ou plano americano**: consagrado pelo cinema norte-americano, enquadra o personagem até a altura dos joelhos.
- **Plano médio**: enquadra o personagem até a altura do peitoral e confere maior subjetividade ao personagem.
- *Close-ups*: são enquadramentos bem próximos do personagem, que focam seu rosto ou mesmo sua boca ou seus olhos. Também são chamados *primeiro* ou *primeiríssimo plano*, dependendo do grau de aproximação do rosto do personagem. Têm grande ênfase visual e podem ser usados para enquadrar um detalhe em uma cena, como mãos operando um telefone (**plano detalhe**) e um bilhete deixado sobre a mesa (**plano de inserção**).

O ângulo de visão é outro elemento da construção do enquadramento:

- **Ângulo frontal ou normal:** o enquadramento se encontra na mesma altura dos olhos do personagem, e a cena é tomada de frente, sem distorções.
- *Plongée* (**"mergulho", em francês) ou câmera alta:** o enquadramento é feito do alto, estabelecendo o ponto de vista acima do personagem enquadrado.
- **Ângulo muito alto (*god's eye view,* ou ponto de vista de Deus):** o enquadramento é feito a partir de um ângulo perpendicular ao chão (90°) e a uma altura considerável, geralmente captando todo a ambiente da cena.
- **Contra-plongée**
- **ou câmera baixa:** o enquadramento é feito de baixo para cima, recortando o personagem a partir de uma altura bem abaixo da de seus olhos.
- **Meio perfil (ou ¾) e perfil:** nesses dois enquadramentos, a câmera é posicionada em um ângulo oblíquo em relação ao olhar do personagem, que é visto de lado. Transmitem um alto grau de descontração e de subjetividade, passando a impressão de que o personagem dirige sua atenção para algo fora do plano.

Variações no ângulo de visão do enquadramento costumam criar distorções visuais. Portanto, a escolha das lentes é fundamental para atenuar ou acentuar seus efeitos, conforme os resultados pretendidos.

Figura 3.9 – **Distorções visuais**

Matusciac Alexandru/Shutterstock

Os diversos movimentos de câmera e os recursos de corte e de transição de imagens compõem, em conjunto com o enquadramento, a linguagem visual do cinema (e da animação), mas fogem do escopo deste capítulo e, por isso, não serão abordados.

3.9 Iluminação

Como mencionamos, mais do que captar a luz, fotografar significa controlar a luz. Para se ter um controle da iluminação de uma cena, é imprescindível entender seu funcionamento.

3.9.1 **Objetos luminosos**

Nos programas de modelagem em 3D, além do objeto especial câmera (com parâmetros próprios), há os objetos do tipo luz. Existem quatro tipos básicos de objetos luminosos:

1. **Luz de ponto:** é a versão mais básica. Cria um ponto no espaço do qual emanam os raios luminosos em todas as direções. A luz de ponto, muitas vezes, cria uma iluminação dura, pouco realista. Algumas versões mais sofisticadas permitem ajustes em sua configuração, melhorando esse aspecto inicial.
2. **Luz de *spot*:** cria um feixe de luz cônico e configurável. Ao contrário do ponto de luz, seu feixe é direcionável e pode ser concentrado em determinado ponto do espaço ou do objeto. Além da direção, é possível configurar seu raio de abertura, concentrando ou dispersando sua área de cobertura.
3. **Luz de área:** simula amplas áreas de luz, como uma janela aberta ou um televisor ligado, criando uma iluminação mais dispersa, difusa. Suas configurações incluem a dimensão e o formato da área de emissão e seu direcionamento.
4. **Sol:** simula uma iluminação ambiente similar à da luz solar. Ilumina, de maneira uniforme, toda a cena a partir do ângulo estabelecido. Alguns programas ou *plugins* ampliam a simulação, fornecendo configurações mais realistas. Em alguns casos, é possível, até mesmo, determinar a hora e uma coordenada global que coincidam, com exatidão, com a iluminação solar.

Todas as opções de luzes, obviamente, fornecem, em suas configurações, ajustes em sua potência e em sua intensidade, além de possibilidades de cores (por padrão, a luz emitida é branca). Outras configurações mais sutis permitem ao animador decidir se a fonte luminosa aparecerá na cena renderizada (em caso negativo, percebe-se a incidência da luz sobre os objetos, mas não a fonte luminosa) e se os raios luminosos produzirão sombras projetadas. É possível, também, controlar a quantidade de rebatimentos (*bounces*) e outros detalhes.

Arquivos do tipo IES têm sido utilizados para ampliar o realismo dos objetos luminosos. Esse tipo de arquivo permite mapear o feixe luminoso de acordo com perfis reais de lâmpadas e de fontes de luz, simulando sua incidência com mais precisão.

Figura 3.10 – **Incidência de luz**

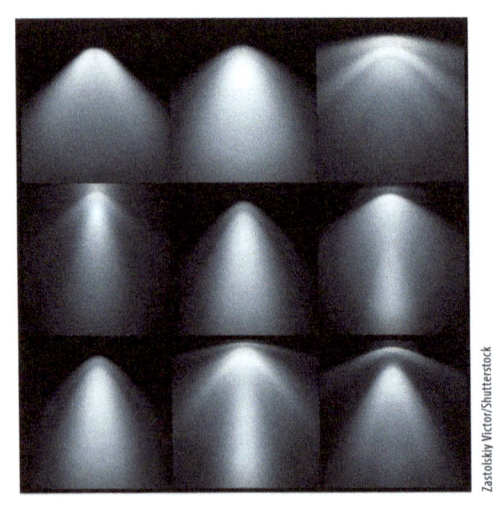

Os programas de modelagem em 3D oferecem dois tipos de iluminação. O primeiro, como expusemos no capítulo anterior, é possibilitado pelo uso de um *shader* específico: o de emissão (*emitter*). Esse *shader* converte qualquer malha poligonal em fonte luminosa, tornando possível a simulação de tubos de luz. Isso acontece, por exemplo, com a cúpula de um abajur: posicionar uma fonte luminosa em uma cúpula translúcida, em geral, adicionaria complexidade ao processamento de renderização, criando ruído e artefatos indesejados.

O segundo tipo é a **iluminação global**. Nesse caso, um valor de emissão é atribuído a toda a área perimetral da cena, criando uma iluminação indireta e contínua muito semelhante à do mundo real. Esse tipo oferece muitas vantagens para o desenvolvimento da animação: fornece iluminação uniforme e contínua, padronizando a qualidade da luz de toda a produção; admite atribuição de cores e de texturas em sua configuração, gerando efeitos mais realistas, como o das graduações do pôr do sol e o da passagem de nuvens; e permite o uso de imagens HDR, formando um cenário luminoso para toda a cena.

O que é?

High Dynamic Range (HDR) são um formato especial de imagem digital, capaz de reproduzir uma faixa mais ampla de luminosidade. Imagens desse tipo são criadas com base em um método fotográfico próprio com que a cena é captada algumas vezes, com diferentes níveis de exposição.

Figura 3.11 – **Objeto metálico com iluminação global em imagem HDR**

Por apresentarem uma faixa ampla de luminosidade, as imagens HDR permitem ajustes de iluminação quando são empregadas na iluminação global.

3.9.2 Fundamentos da iluminação

Para se iluminar uma cena corretamente, é preciso conhecer todos os aspectos que definem os diversos tipos de luzes. A função básica de uma iluminação profissional é dar a visualizar os detalhes dos objetos fotografados adequadamente: cores, texturas, volume etc. Seu uso estético, porém, vai muito além disso.

A iluminação define a subjetividade da cena, sua paleta de cores, suas texturas; cria jogos de luzes e de sombras; e delimita o ambiente. Tudo isso ajuda na construção do "clima" que envolverá o espectador, contribuindo para contar a história.

Alguns aspectos definem uma fonte luminosa, permitindo uma gama de efeitos visuais:

- **Qualidade:** uma fonte luminosa pode criar iluminações duras e suaves (*hard e soft lights*). Uma luz dura é gerada por fontes de luzes pontuais e diretas, que produzem áreas de luz e de sombra contrastadas e bem-definidas. Por sua vez, uma luz suave (*soft*) é produzida por fontes de luzes grandes e dispersas. A iluminação em um dia nublado é um bom exemplo de luz suave. Uma luz suave é difusa, formando passagens de claro e de escuro graduais pelos volumes dos objetos. O tamanho também interfere nessa classificação: fontes pequenas costumam criar luzes duras, ao passo que as maiores costumam criar luzes suaves.
- **Direção:** pode ser direta, quando o feixe de luz incide na direção do objeto; e indireta, quando alcança o objeto por rebatimento. Fontes diretas tendem a criar iluminação dura, ao passo que as indiretas geram iluminação suave.
- **Posicionamento:** a posição e o ângulo de incidência da luz alteram a percepção do objeto iluminado. Fontes que incidem de cima costumam ser percebidas como naturais. O ideal é que se estabeleça um ângulo lateral em relação aos objetos, contribuindo para a descrição de seus volumes. Os ângulos nunca devem ser perpendiculares, como a luz do meio-dia, o que pode causar distorções e áreas de sombra indesejadas. Luzes rasteiras tendem a distorcer a percepção ordinária dos objetos e das pessoas em cena e, por isso, são amplamente utilizadas em cenas de terror e de suspense.

- **Cor e temperatura:** fontes de luzes podem variar quanto a sua coloração e a sua temperatura. Luzes frias costumam apresentar coloração azulada, ao passo que as mais quentes tendem para o amarelo. Também é possível colorir, mais intensamente, uma fonte luminosa. Em um estúdio fotográfico, o efeito é obtido por meio do uso de gelatinas e de filtros. Luzes coloridas alteram a percepção da cor original do objeto.
- **Intensidade:** pode ser ajustada tanto pela potência da fonte luminosa quanto pela regulagem da exposição fotográfica. Luzes muito intensas geram brilhos que podem alterar a percepção do contorno dos objetos. Iluminações mais suaves criam ambientes mais intimistas. O correto ajuste na exposição da cena determina uma iluminação balanceada.
- **Textura:** alguns acessórios permitem a adição de texturas à iluminação da cena. As faixas de luzes produzidas por cortinas persianas e a luz filtrada pelas folhas de uma árvore são exemplos de luz texturizada. A presença de neblina e de poeira também acrescenta textura à cena.

3.9.3 *Setup* de iluminação

Existem diversos acessórios e arranjos que compõem um *setup* de iluminação. Algumas luzes têm papéis importantes na iluminação de uma cena. É como um jogo de futebol, em que o posicionamento e a função de cada jogador contribuem para o desempenho do time. Portanto, é preciso conhecer as funções de cada uma das luzes no *setup* de iluminação:

- *Key light* (luz principal): é a luz dominante da cena ou que incide sobre o personagem. Geralmente, está posicionada na frente do objeto, com um leve deslocamento lateral.
- *Fill light* (luz de preenchimento): preenche as sombras não alcançadas pela luz principal, atenuando-as, sem, contudo, eliminar completamente a representação do volume do objeto.
- *Backlight* (luz de fundo): é posicionada atrás e acima do objeto, em direção contrária à da câmera. Também é conhecida como *luz de cabelo* e *luz de ombro*. Cria um halo luminoso na silhueta do objeto e o recorta em relação ao fundo.
- *Kicker light* (luz de recorte): é posicionada
- entre a luz de preenchimento e a luz de fundo, compondo um recorte luminoso lateral mais intenso (brilho). Diferentemente da luz de preenchimento, que faz uma atuação mais natural, a luz de recorte enfatiza a superfície iluminada, muitas vezes substituindo a luz de preenchimento no *setup*. Ilumina apenas um dos lados do objeto, ao passo que a luz de fundo costuma criar um halo contínuo em todo o objeto.
- *Sidelight* (luz lateral): é posicionada ao lado do objeto. É muito usada para adicionar dramaticidade ao rosto do personagem retratado, criando um jogo de claro e escuro.

3.9.4 Setup de três pontos

É um dos *setups* mais simples e mais difundidos, principalmente na fotografia comercial.

Figura 3.12 – **Setup de três pontos**

Leandro da Conceição Cardoso

Nesse *setup*, a luz principal é a mais intensa, criada a partir de uma fonte luminosa difusa posicionada com um leve deslocamento lateral (30°) de uma luz de preenchimento também frontal, iluminando o objeto no sentido oposto (o mesmo desvio lateral de 30°, em sentido oposto ao da luz principal), e, por fim, de uma luz de preenchimento posicionada por trás e acima do objeto, completando o *setup*.

SÍNTESE

Neste capítulo, abordamos a direção de fotografia e sua influência no processo de criação de imagens. Seus princípios atendem tanto à produção do cinema quanto à de animação.

Compartilhando muito aspectos técnicos com a fotografia, a renderização se torna mais expressiva quando o animador domina as técnicas de fotografia e de iluminação. Embora parta do simples objetivo de descrever as características visuais dos objetos corretamente, a linguagem fotográfica se aprofunda, tornando-se uma linguagem visual poderosa e expressiva.

Muitas *render engines* simulam, com riqueza de recursos, diversos equipamentos fotográficos, e os programas de edição de imagem e de vídeo fundamentam seu uso nas técnicas fotográficas. Dominar a fotografia é dominar o processo de renderização e de pós-produção, que são fundamentais para a animação.

A linguagem visual sofistica o processo de composição de cenas, dirigindo o olhar do espectador ao criar estruturas visuais sólidas e ordenadas. A composição da cena acrescenta significado e subjetividade à ação encenada, complementando seu sentido.

Assim como o desenvolvimento dos materiais enriquece os objetos modelados, sua correta iluminação e captação enriquecessem todo o conjunto. A técnica de iluminação se desenvolve paralelamente à linguagem fotográfica: fotografa-se em função da iluminação e se ilumina em razão da fotografia.

A iluminação correta enfatiza as características de personagens, dos ambientes e dos objetos. Alguns estilos cinematográficos, como o de terror e o *noir*, são caracterizados por sua iluminação específica, que se confunde com a trama encenada.

mimagirl/Shutterstock

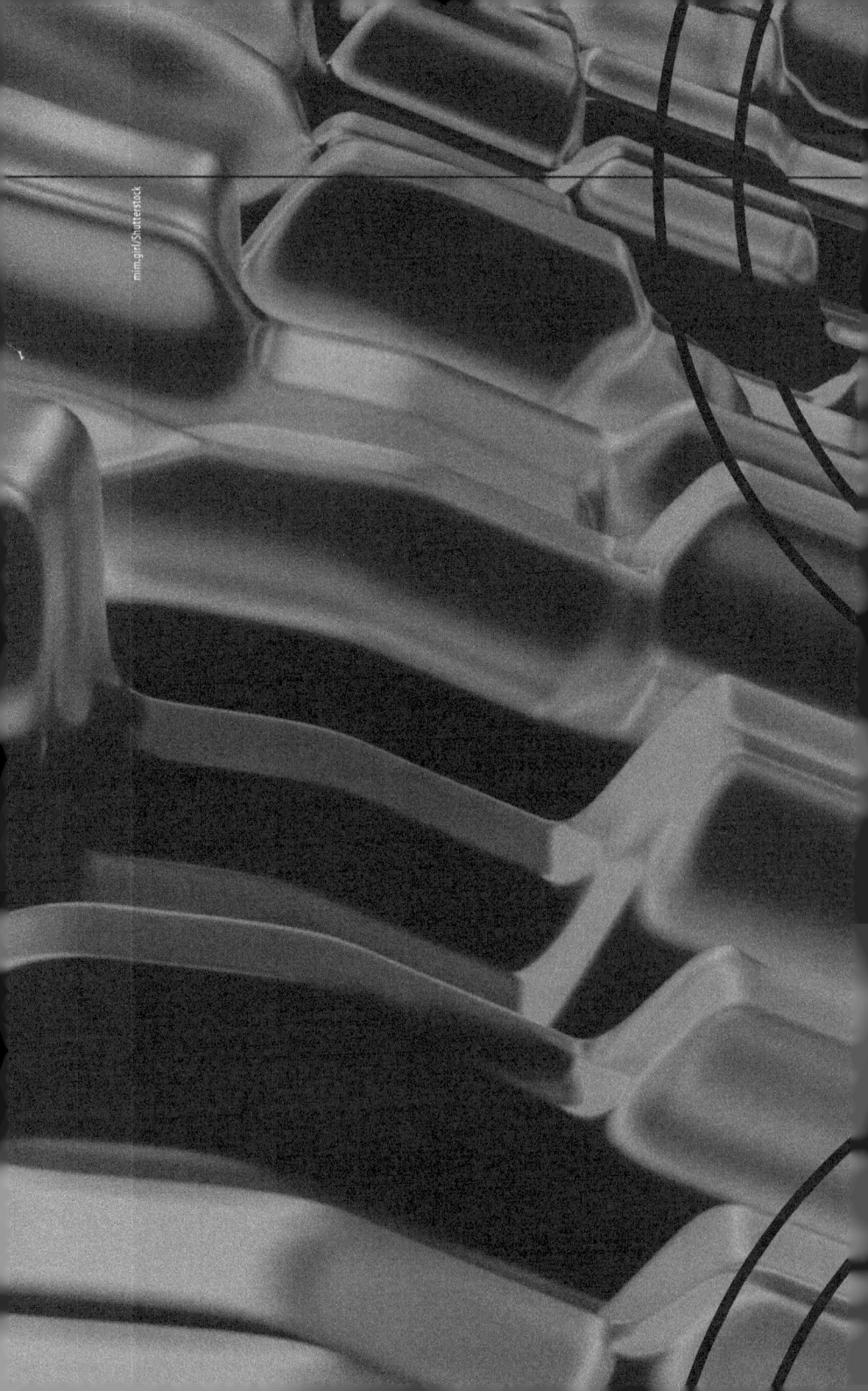

CAPÍTULO 4

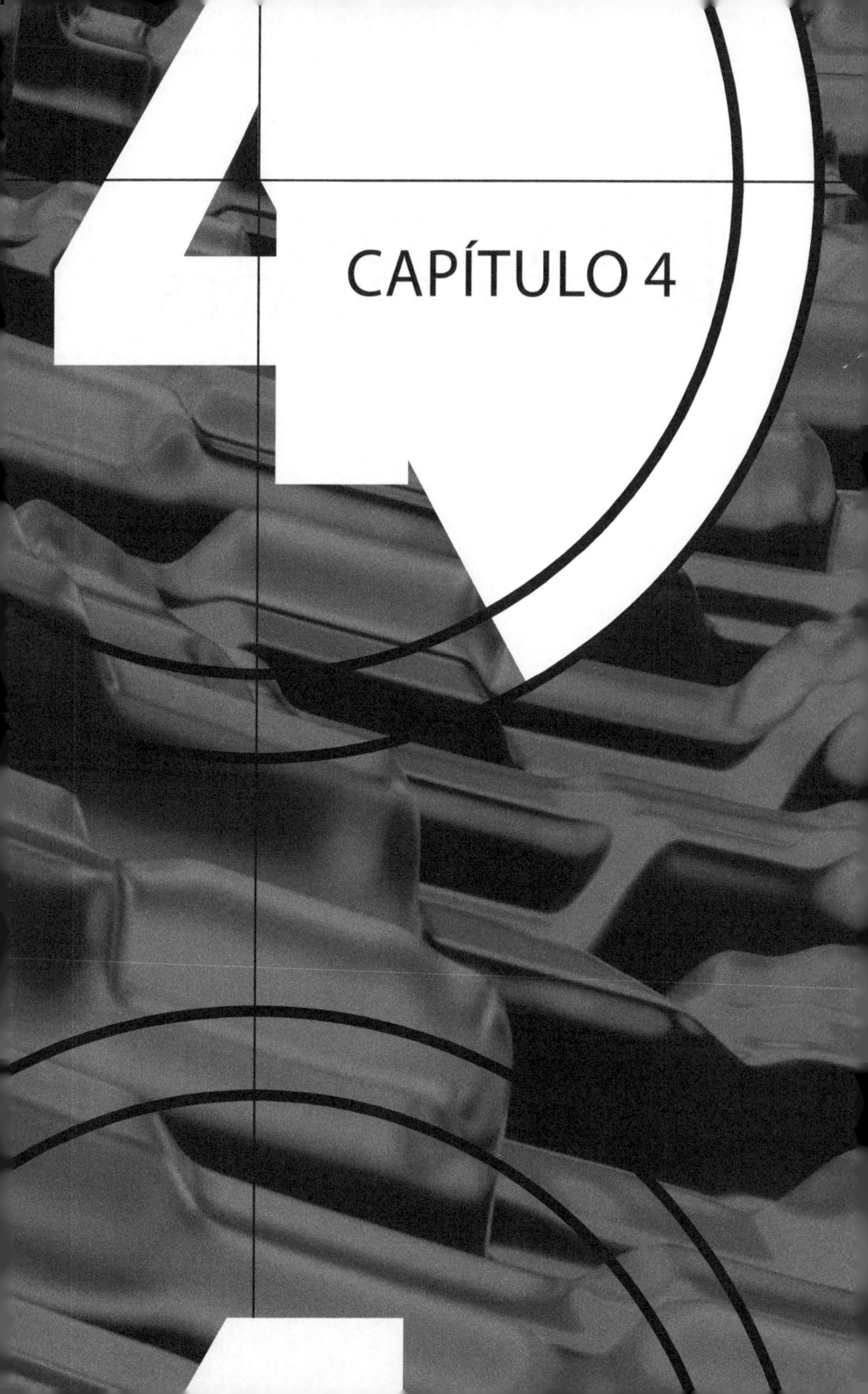

IMAGEM DIGITAL E SUAS PARTICULARIDADES

Neste capítulo, discorreremos sobre a imagem digital e suas particularidades: estrutura, modos de cor e de resolução de imagem, principais formatos digitais de imagem e de vídeo e suas especificidades e aplicações.

4.1 Estrutura e modos de cor das imagens digitais

Nos projetos de *render*, podem ser utilizadas imagens com estruturas diferentes, como em *bitmap* (em português, mapa de *bits*) e imagem vetorial. As imagens em *bitmap* são empregadas, geralmente, nas texturas, e o resultado de um *render* também é uma imagem em *bitmap*. Por sua vez, as imagens com estrutura vetorial podem ser adotadas como base paraa modelagem em três dimensões, já que podem ser utilizadas imagens planas como base para o modelo 3D.

Conhecidas também como **gráfico *varredura*** (*raster graphics*), as imagens em *bitmap* são constituídas por um conjunto de *pixels* e normalmente são fotografias ou ilustrações com alto grau de realismo. Por esse motivo, são adotadas para aplicação de texturas nas modelagens 3D. Aliás, comoue uma renderização bem-desenvolvida se aproxima muito de uma imagem real, muitas vezes, ambas podem ser até confundidas.

O que é?

O *pixel* é a menor unidade de uma imagem no formato *bitmap*, e nele podem ser visualizadas informações como sombra, luz e cor. Por esse motivo, é considerado o DNA da imagem *bitmap*. Para exemplificar e visualizar um *pixel* em um *software* de manipulação e edição de imagens *bitmap*, como o Adobe Photoshop, basta ampliar a imagem o máximo possível, resultando em um conjunto de quadrados. Cada um desses quadrados representa um *pixel*, e o conjunto deles constitui a imagem em *bitmap*.

Já as imagens denominadas *vetoriais* são desenvolvidas por meio de formas geométricas, como quadrado, círculo, curva e linha. Quando ampliadas, os programas vetoriais elaboram novos cálculos das dimensões, preservando a qualidade da imagem. Sendo dispensável o armazenamento de dados de cada *pixel* de maneira individual, o peso do arquivo vetorial é menor do que o em *bitmap*. São exemplos de utilização de imagens vetoriais:

- Desenhos planos em 2D.
- Desenhos planos sem aplicação de efeitos de sombra e luz.
- Desenhos com poucos detalhes.
- Criação de marca.

A manipulação das imagens em *bitmap* é feita mediante a edição de *pixels* em *softwares* de edição de imagens, como o Photoshop. A edição e a manipulação de imagens vetoriais dependem da edição das formas geométricas em programas de edição vetorial, como o Adobe Illustrator.

Uma imagem renderizada pode ser aplicada nos meios impressos e digitais, que têm peculiaridades em relação ao modo de cor, à resolução e ao tipo de arquivo, uma vez que as imagens impressas são visualizadas em suportes físicos – papéis, plásticos, adesivos, lonas e todo tipo de material que pode receber impressão por meios gráficos. Grande parte das peças da mídia *off-line* contém imagem impressa, pois é veiculada em revistas, jornais e materiais promocionais aplicados à identidade visual de estandes em feiras. As embalagens também são exemplos de aplicação de imagem impressa: as informações das gôndolas de supermercado e os materiais de *visual merchandising*, que normalmente são aplicados em adesivos e em lonas, são bons exemplos.

Para que a imagem digital seja visualizada, é necessário um suporte de dispositivos, como computadores, *notebooks*, *tablets*, *smartphones* e *smartwatches*. Quase todos os aparelhos com tela permitem a visualização de uma imagem digital e, consequentemente, de peças de *design* digital, e alguns projetos de *render*.

Mesmo que as imagens renderizadas não sejam concebidas no modo de cor para impressão, é importante que os profissionais da área também o conheçam. As imagens impressas são geradas no modo de cor CMYK, e as imagens digitais são formadas no RGB. O CMYK é representado pelas seguintes cores:

- C = *cyan* (ciano);
- M = magenta;
- Y = *yellow* (amarelo);
- K = *black* (preto).

Para o preto, utiliza-se a letra K, a fim de não haver confusão com a cor azul (*blue*).

O modo de cor RGB é composto pelas cores:

- R = *red* (vermelho);
- G = *green* (verde);
- B = *blue* (azul).

Com essas cores, é possível criar todas as outras, tanto para imagens impressas quanto para imagens digitais.

Figura 4.1 – **Comparativo do modelo RGB (à esquerda) com o modelo CMYK (à direita)**

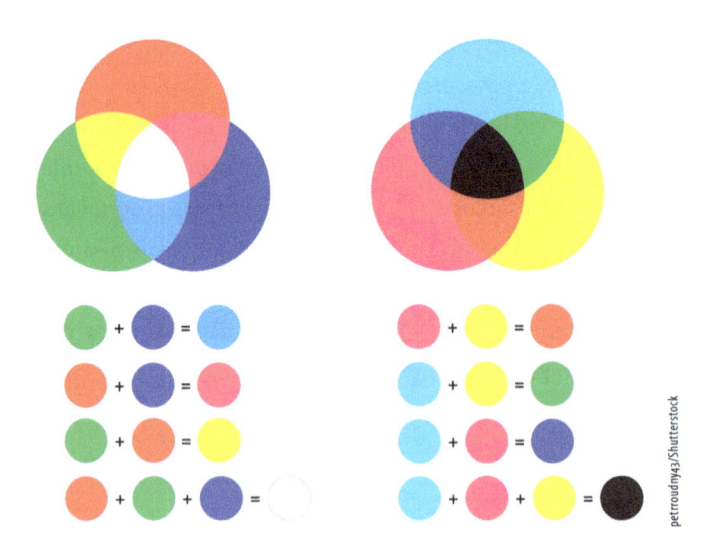

As cores CMYK, por serem compostas de pigmentos de tintas, permitem impressão em suportes físicos, como papel, PVC, lona e papel adesivo.

Já as cores RGB, também conhecidas como *cores-luz*, somente são visualizadas em dispositivos que emitam luz. São exemplos de aplicação desse modelo os vários tipos de telas, como as de monitores, televisores, *smart TVs*, *smartphones*, *smartwatches*, *notebooks* e *tablets*. Entre as cores desse modo, inexiste o preto, que somente é gerado na ausência de luz. Por exemplo, quando um sujeito está em uma sala de estar com a luz apagada, pode assistir à televisão porque o aparelho emite luz. No entanto, com as luzes apagadas, não é possível ler livros e revistas, porque o papel não emite luz, apenas a reflete.

No modo CMYK, o preto é formado pela adição de todas as cores. Na mídia impressa, essa cor é muito utilizada na impressão dos textos, que geralmente apresentam espessuras bem finas. Misturar três cores para imprimir em uma pequena área pode levar a problemas de registro (falhas de impressão). Por esse motivo, na impressão, o preto não é formado por outras cores.

No *render*, as cores têm papel importante: são uma forma de apresentar o que é mais importante, destacando e direcionando o olhar. Consequentemente, manipulam as ações das pessoas que visualizam o projeto e figuram entre os principais elementos que tornam a modelagem mais realística. As cores são capazes de despertar efeitos psicológicos e emocionais no cérebro das pessoas – influenciam o momento de decisão da compra, por exemplo.

Utilizar cores contrastantes confere maior dinamicidade ao projeto, mas é imprescindível sempre procurar o equilíbrio, focando no público-alvo. Logicamente, um público jovem é mais atraído por determinadas cores, que são diferentes das cores que atraem um público da terceira idade. Outra técnica bastante empregada é a aplicação de cores complementares, que, de certa forma, são contrastantes pelo fato de estarem em extremidades opostas do círculo cromático. Entre as cores complementares, estão as cores neutras.

4.2 Resolução de imagem

Para trabalhar com imagens digitais, é necessário conhecer os fundamentos de seu dimensionamento correto, de acordo com a mídia utilizada e a resolução atrelada à qualidade da imagem. Portanto, o desenvolvimento de um *render* se conformará à peça em que será aplicado, que pode ser de mídia impressa ou digital. A resolução correta para o uso impresso é de 300 DPIs. Para a mídia digital, 72 PPIs (pixels per inch) já é suficiente.

É importante ter cuidado para que imagens com 72 PPIs não sejam aplicadas a peças impressas. Caso uma imagem com 72 PPIs seja requisitada em uma peça impressa, é necessário, primeiramente, convertê-la para 300 DPIs, executando-se o procedimento de interpolação de imagem. No *software* Photoshop, esse procedimento está disponível na caixa de diálogo *Image Size*. Para executar essa ação, ao abrir a caixa *Image Size*, deve-se desmarcar a opção *Resample Image* e, em seguida, no campo *Resolution*, inserir o valor 300, como mostra a Figura 4.2.

Figura 4.2 – **Caixa de diálogo do Adobe Photoshop para executar a interpolação da imagem**

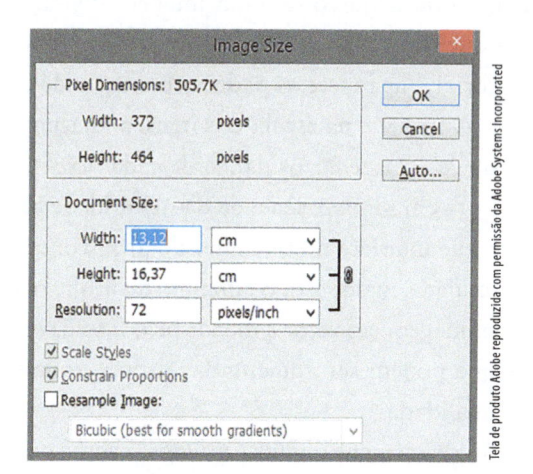

Tela de produto Adobe reproduzida com permissão da Adobe Systems Incorporated

No dimensionamento de uma imagem em *bitmap* para fins impressos, não se pode aumentar seu tamanho na fase de inserção no *software* de montagem de *layout* – Illustrator, por exemplo. Esse cuidado é importante porque, ao se aumentar a imagem, sua qualidade é perdida, por ser formada por *pixels*. No entanto, não há problema em diminuir uma imagem para fins impressos. A manipulação de imagens digitais de *bitmap* é executada mediante os *pixels*.

Lembremos que que as imagens criadas e manipuladas digitalmente são do tipo *bitmap*, e que são construídas com pequenos quadrados ou pontos denominados *pixels*. Para a criação de uma imagem como a de um *render*, são necessários milhões de pontos, cada um com sua cor. A imagem digital, por ser composta de *pixels*, perde qualidade ao ser aumentada. Isso acontece porque os dados das cores estão em cada pixel. Então, quando são ampliadas, as cores começam a se distorcer, já que não estão fixadas neles.

O tamanho do arquivo de uma imagem digital geralmente é maior do que o de uma imagem em vetor. Diferentemente do *software* vetorial, que repete os padrões por meio de cálculos fundamentados na forma e na escala dos itens, a imagem digital tem a necessidade de armazenar os dados de cada *pixel*. A qualidade de uma imagem em *bitmap* depende da quantidade de *pixels* que apresenta, o que interfere no tamanho do arquivo: quanto maior for essa quantidade, maior será o tamanho do arquivo. Por sua vez, o arquivo da imagem em vetor é menor pelo fato de ser composto de formas que podem ser aumentadas proporcionalmente, sem perder sua qualidade.

Na edição de imagens digitais *bitmaps* – como as criadas por renderização –, os *pixels* são manipulados de forma direta, diferentemente do que ocorre com imagens vetoriais. As imagens digitais *bitmaps* – geralmente fotografias, pinturas digitais e imagens renderizadas – podem apresentar gradações sutis de sombras e de cores com mais eficiência, valendo-se de seus *pixels*. As manipulações de imagens digitais *bitmaps* dependem de sua qualidade de resolução: como contêm um número fixo de *pixels*, perdem detalhes em diferentes situações. Por exemplo, se forem ampliadas, impressas em resolução não indicada ou se simplesmente nenhum procedimento de interpolação for feito durante sua ampliação, resultarão em produtos com menos qualidade do que a imagem original.

Portanto, para formar imagens em *bitmap*, novos *pixels* devem ser criados. Não é possível apenas redimensionar os já existentes. Além de serem criadas pelo processo de renderização, as imagens digitais podem ser desenvolvidas em *softwares* de edição de *bitmap*.

Nesse caso, quando se inicia um novo documento, é preciso informar o tamanho da peça e a quantidade de PPIs, para projetos digitais, ou a quantidade de DPIs, para trabalhos impressos.

Também é possível criar uma imagem digital com os recursos do *software* Photoshop, em combinação com uma mesa digitalizadora. Essa mesa emula os movimentos do *mouse* por meio de sua caneta. O desenho não é mostrado na mesa em si, que funciona como uma extensão do *software* de edição de imagens. Em vez disso, o desenho é projetado no *software* adotado.

O funcionamento da mesa digitalizadora é muito simples: basta aproximar a caneta da superfície da mesa, sem encostá-la, e deslizá-la como se fosse desenhar em um papel. Então, a mesa recebe o sinal da caneta e constrói o desenho, que é exibido na tela do *software*. O toque da caneta na mesa funciona como o clique do *mouse*. Assim, para executar algum comando – como pintar com pincel e selecionar um objeto ou uma ferramenta –, é necessário somente tocar na mesa com a caneta.

De maneira geral, para configurar um novo arquivo que será impresso em gráfica e em *offset*, deve-se utilizar 300 DPIs de resolução. Além disso, é preciso definir o tipo de suporte que a ser empregado – por exemplo, papel couchê de alta qualidade (300 DPIs) e papel jornal (150 DPIs). A resolução de 150 DPIs também pode ser utilizada para impressão em *plotter*; em lona, como é o caso dos *banners*; e em outros materiais, como o PVC, o poliestileno, o polipropileno, o vinil e o tecido. A resolução da saída se relaciona à do equipamento que faz a impressão do material. Dessa forma, a resolução da imagem configurada na criação de um documento deve estar de acordo com a resolução de saída.

As imagens para meios digitais devem ser salvas em 72 PPIs. No entanto, recomenda-se trabalhar com uma resolução maior, como a de 300 DPIs, caso as imagens sejam utilizadas para meios impressos também. Diminuindo a quantidade de PPIs, o peso do arquivo fica pequeno o suficiente para permitir *downloads* mais rápidos e, ao mesmo tempo, preserva as cores e os detalhes de maneira satisfatória. Ao criar um documento para uso digital no Photoshop, é necessário definir o sistema de cor RGB. Conforme enunciamos anteriormente, esse sistema foi criado com o propósito de reproduzir as cores em dispositivos eletrônicos, já que se combinam com base na emissão de luz, como acontece com monitores e telas em geral.

Caso desenvolva um arquivo para fins digitais em alta resolução, o Photoshop tem o recurso "Salvar para a Web", que pode ser utilizado, também, na criação de GIFs animados. A caixa de diálogo dessa ferramenta apresenta os recursos de visualizar a imagem com as otimizações de formatos, de qualidades de imagem e de exibição de cores diferentes. Nessa caixa, é possível, ainda, utilizar configurações predefinidas, e, conforme os ajustes são feitos, as alterações são exibidas em tempo real.

4.3 Principais formatos digitais de imagem e de vídeo

Um *render* pode ser finalizado em uma imagem estática, cujos principais formatos são os seguintes:

- JPG;
- GIF;

- PNG;
- *bitmap*;
- SVG;
- TIFF;
- WebP.

O *render* pode ser finalizado com uma modelagem animada. Dessa maneira, é necessária sua finalização em vídeo, cujos principais formatos são:

- 3GP;
- FLV;
- RMVB;
- AVI;
- MOV;
- MP4;
- MKV;

Quando um *render* é finalizado no formato de vídeo, é possível inserir trilha sonora. Os principais formatos de áudio são:

- AAC;
- MP;
- OGG;
- WMA;
- ALAC;
- FLAC;
- AIFF;
- PCM;
- WAV;

Advertimos, neste ponto de nossa explanação, que os formatos de imagem, de vídeo e de áudio podem ser atualizados conforme a evolução tecnológica dos *softwares* de produção e dos dispositivos que leem esses arquivos.

Para a manipulação e a edição dos principais formatos digitais de imagem estática, são empregados, basicamente, dois tipos de *softwares*, segundo o tipo de arquivo e de imagem a serem trabalhados. Entre os *softwares* de edição gráfica vetorial, está o Illustrator, que favorece a criação de artes, desenhos e ilustrações. Para a edição de *bitmap*, há o Photoshop, que é o *software* da Adobe específico para tratamento, edição e manipulação de imagens *nesse formato*. Sua área de trabalho é composta de três painéis e por informações sobre o arquivo, como *zoom* e cor (Adobe Creative, 2009).

O *software* Photoshop abre quase todos os tipos de arquivos em *bitmap*, como as extensões BMP, GIF, JPG, PNG, TIFF e até PDF, bem como arquivos de imagens em vetor do Illustrator, que têm as extensões AI e EPS. Contudo, é preciso se atentar ao momento em que o arquivo é aberto no Photoshop, pois geralmente passa a ter características de *bitmap*, não mais de vetor.

Dos *softwares* de manipulação dos principais formatos de imagens digitais em *bitmaps*, os mais conhecidos são:

- Gimp;
- PhaseOne;
- Capture One Pro;
- PhotoScape;
- Adobe Photoshop (o mais utilizado).

Há, ainda, o Lightroom, voltado para o tratamento de imagens em massa, embora também faça parte do pacote Adobe.

No Photoshop, há uma barra de propriedades dinâmica – ou seja, uma barra que muda de acordo com a ferramenta utilizada. Ela fica posicionada na parte superior da tela (Figura 4.3).

Figura 4.3 – **Barra de propriedades do Adobe Photoshop com a ferramenta de seleção ativa**

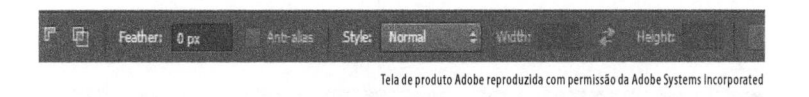

Tela de produto Adobe reproduzida com permissão da Adobe Systems Incorporated

Outro recurso extremamente importante é o painel de camadas, também conhecido como *layers*, que viabiliza tarefas como a composição de várias imagens, a inserção de texto, a inserção de filtros e aplicação de diversos ajustes. Esse recurso permite alterar pontos específicos da imagem sem comprometer outros.

Para a edição de imagens, é necessário selecionar os *pixels* a serem editados. O Photoshop disponibiliza algumas ferramentas de seleção que possibilitam diversas opções de manipulação, como clarear somente uma parte da imagem. Com o *pixel* selecionado, é possível alterar sua cor, copiá-la e, simplesmente, excluí-la. Até que a seleção esteja desfeita, não é possível editar as áreas exteriores a esse *pixel*.

Existem diferentes ferramentas que podem ser adequadas ao tipo de seleção. Exemplos disso são as ferramentas "Letreiro elíptico", que seleciona áreas circulares e elípticas; "Varinha mágica", que seleciona as áreas de cores similares com apenas um clique; e "Laço". As seleções são limitadas à camada ativa. Por isso, recomenda-se fazer uma seleção e observar, na barra de propriedades, as opções adicionais disponibilizadas. Esse é o caso do "Suavizar" (*Feather*), que cria uma borda suave na seleção feita. O valor da suavização corresponderá ao número de *pixels* que serão suavizados, conforme apresentado na Figura 4.4.

Figura 4.4 – **Barra de propriedades da ferramenta de seleção do Adobe Photoshop**

| Feather: 0 px | Anti-alias | Style: Normal | Width: | Height: |

Tela de produto Adobe reproduzida com permissão da Adobe Systems Incorporated

Para cancelar as seleções, basta ir ao *menu* "Selecionar" e clicar em "Cancelar seleção". Caso seja necessário selecionar todos os pixels de uma camada, no painel "Camadas", deve-se escolher "Selecionar", clicando em "Todos". Para utilizar novamente a seleção mais recente, clica-se sobre "Selecionar" e depois "Selecionar novamente". Já parar mostrar ou ocultar as bordas de seleção, deve-se clicar em "Exibir" e, depois, em "Seleção". Também é possível cancelar a seleção; para isso, basta clicar em qualquer local da imagem *bitmap* que esteja fora da área selecionada.

Além das ferramentas de seleção, o Photoshop tem inúmeras outras, como a "Spot Healing Brush Tool" (em português, "pincel de recuperação de manchas") e a "Healing Brush Tool" (em português, "pincel de recuperação"), que corrigem e recuperam imagens por meio de procedimentos simples. Essas ferramentas são utilizadas em imperfeições das imagens *bitmap*. Na prática, "pintam com amostra de pixels de uma imagem ou padrão e fazem com que a textura, a iluminação, a transparência e o sombreamento das amostras de pixels correspondam aos pixels que estão sendo recuperados" (Adobe Creative, 2009, p. 218).

Antes de utilizar a ferramenta "Spot Healing Brush Tool", é necessário editar suas propriedades. Assim, no momento da edição da imagem, é preciso verificar quais propriedades são adequadas à imagem. Observe a Figura 4.5.

Figura 4.5 – **Barra de propriedades da ferramenta "Spot Healing Brush Tool" do Adobe Photoshop**

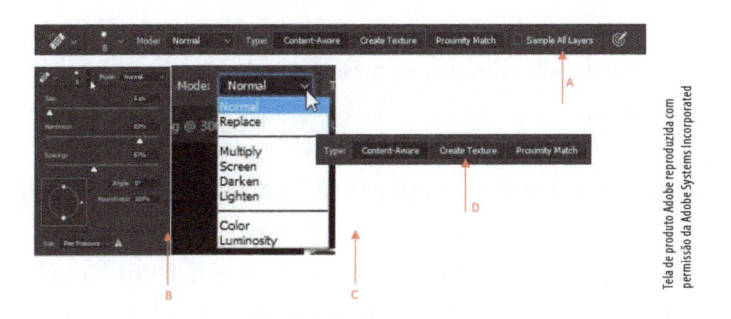

A seta A indica a parte da interface que fornece a edição de cada ferramenta. Para tanto, basta ativar o recurso e automaticamente a barra de propriedades aparecerá. Entre essas propriedades, está o "Pincel" (*Brush*), que define o diâmetro, a transparência, o ângulo e o espaçamento da amostra, como ilustra a seta B. Os dados podem ser editados por meio do preenchimento de valores e pelos cursores.

O "Modo" (*Mode*) é a propriedade que especifica o tipo de mesclagem. A seta C indica um *menu* suspenso com uma lista dos tipos de mesclagens que podem ser aplicados. Para alternar mais rapidamente as opções de "Modo", utilize os atalhos *Shift e +* e *Shift e –*.

O "Type", apontado pela seta C destaca, pode ser aplicado pela opção "Proximity Match" (em português, "correspondência por proximidade") e pela opção "Create Texture" (em português, "criar textura"). A "Proximity Match" usa os *pixels* em torno da aresta da seleção para definir uma área da imagem a ser usada como modelo de correção para a área selecionada. Por sua vez, a opção "Create Texture" utiliza todos os *pixels* da seleção para criar uma textura com a qual se possa corrigir a área.

Ao utilizar a ferramenta "Spot Healing Brush Tool", os *pixels* que estão sendo editados se mesclam, adequando-se ao restante da imagem.

As ferramentas "Proximity Match" e "Create Texture" são empregadas com frequência, nas edições de fotografias, visto que têm o objetivo principal de recuperar partes das imagens. No entanto, recomenda-se cuidado para não criar defeitos na imagem, retirando sua naturalidade. Quando se edita um *bitmap*, é conveniente considerar a alteração de um átomo da imagem. A partir do momento que o arquivo é salvo e fechado, não é possível reverter as alterações feitas; isso ocorre porque, de certa forma, os dados dos *pixels* originais são destruídos.

Para executar uma manipulação não destrutiva, pode-se utilizar os recursos das camadas e das máscaras. Com isso, os *pixels* de uma imagem não são alterados diretamente. Em vez disso, uma camada é inserida acima da imagem, sobre a qual são aplicados os efeitos. Como resultado, a imagem permanece intacta.

A máscara permite mostrar ou ocultar partes da imagem sem excluir *pixels*, e trabalha intimamente com a transparência, pois controla a visualização de partes da imagem. Facilita também a execução de retoques.

O painel "Mask" auxilia (Figura 4.6): na densidade de transparência (A); no desfoque ou nitidez do limite da máscara (B); na alternância do modo máscara (mancha rosa translúcida) para delimitação de seleção (C); na exclusão de vetor de máscara (D); e na exclusão da máscara (E).

Figura 4.6 – **Editando máscara rápida**

A "Máscara rápida" é um tipo de seleção na forma de máscara temporária. Como meio de facilitar a edição, esse tipo de máscara aparece como uma sobreposição de cor com opacidade ajustável. É possível editá-la com qualquer ferramenta de pintura e o apoio da ferramenta "Seleção". Ao sair do modo "Máscara rápida", a máscara é convertida, novamente, em uma seleção da imagem (Adobe Creative, 2009).

Algumas das principais extensões salvas no Photoshop que podem ser importadas em outros *softwares* são:

- BMP;
- GIF;
- JPG;
- PNG;
- TIFF;

No *menu*, é possível salvar as camadas como imagens individuais em: "Arquivo" > "Exportar" > "Exportar camadas para arquivos". O Photoshop também dispõe de outros recursos de exportação direcionados a vídeos. Todavia, não são muito utilizados pelo fato de a Adobe ter os *softwares* destinados à criação, à edição e à manipulação de vídeos.

Preste atenção!

O Adobe Photoshop é um dos programas de computação gráfica mais utilizados pelos profissionais de publicidade e propaganda, principalmente pelos que trabalham na área de criação de peças publicitárias. Essa preferência se dá porque o *software* oferece diversos recursos. Além de executar, com maestria, a função principal de tratamento, de ajuste e de manipulação de imagens e de criar imagens digitais e ilustrações com qualidade extremamente realísticas, possibilita a criação de vídeos.

Um dos recursos mais utilizados de exportação é para o formato PDF. Nesse sentido, deve-se executar os seguintes procedimentos:

1. *Menu* "File" (em português, "arquivo").
2. "Save" (em português, "salvar") – ou o atalho Ctrl + S.
3. Selecionar o formato PDF do Adobe Photoshop (.pdf e .pdp).
4. Inserir o nome do arquivo.
5. Clicar em "Save".

É possível selecionar várias opções de salvamento de arquivos, como "Cópia", que transforma todas as camadas em apenas uma. Ao não ativar essa opção, as camadas da imagem – mesmo as que foram salvas no formato PDF – serão preservadas, tanto no Photoshop quanto no Illustrator. Em algumas versões dos programas, as camadas são abertas.

Depois de as opções terem sido configuradas de acordo com a finalidade do arquivo, basta clicar em "Save". Assim, uma caixa de diálogo de "Save Adobe PDF" será aberta, apresentando informações gerais de compactação, de saída e de segurança, bem como um resumo.

Figura 4.7 – **Caixa de diálogo de "Save Adobe PDF" do Adobe Photoshop**

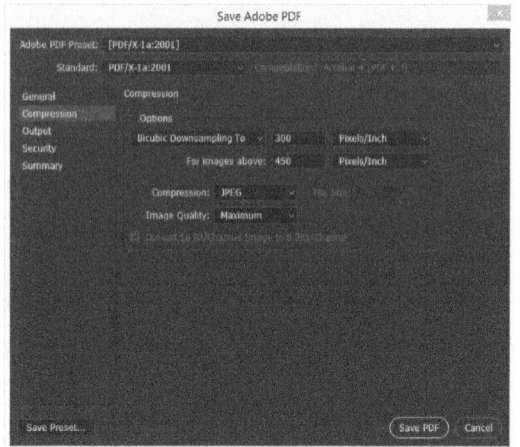

A guia "Compression" (em português, "compactação") deve ser utilizada caso o arquivo seja enviado para uma gráfica. Reforçamos que os arquivos para impressão devem ter uma resolução de, no mínimo, 300 DPIs, e que a qualidade da imagem deve ser configurada como máxima. Essa configuração só deve ser alterada se a gráfica solicitar, como acontece na impressão de arquivos para grandes formatos, como *outdoor*. Executadas todas as configurações, basta clicar em "Salvar PDF".

Por seu turno, os *softwares* que manipulam os principais formatos digitais de imagem estática de vetor geralmente são destinados à criação de *layout*. Alguns exemplos de programas com esse perfil são Corel Draw, Inkscape e Adobe Illustrator. Este último é o mais utilizado, razão pela qual o detalharemos. Sua área de trabalho é dividida em seis partes:

1. barra de *menu*;
2. barra de propriedades;
3. barra de ferramentas;
4. área de trabalho;
5. painel de controle;
6. painéis de acesso rápido.

A "Caixa de ferramentas" do Illustrator ("Type Tools") fica oculta. Para visualizá-la, é necessário dar um clique com o botão auxiliar do *mouse* (botão direito) sobre a seta no canto inferior direito, no botão da ferramenta "Type", conforme indica a Figura 4.8.

Figura 4.8 – **Conjunto de ferramentas Type (tipo) e os dois modos de visualização**

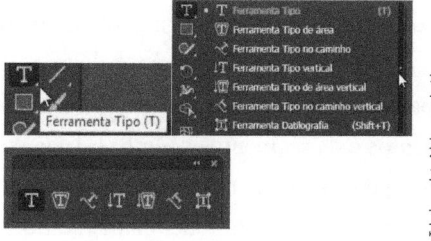

No Illustrator, há o "Menu de contexto", que pode ser acessado em vários momentos da edição, com o auxílio do botão direito do *mouse*. Sua utilização está aliada ao aumento da produtividade, pois é possível acessar os *menus* de acordo com o contexto da ferramenta utilizada. Se não houver objetos selecionados na janela de edição no momento do clique, o Illustrator disponibilizará comandos genéricos, como desfazer, refazer, *zoom*, mostrar e ocultar réguas e guias etc.

Preste atenção!

O Adobe Illustrator é uma ferramenta especializada na edição de imagem vetorial e na produção de ilustrações vetoriais coloridas e texturizadas. Também pode ser utilizado na elaboração de *layouts* para *web* e para *mobile* (aplicativos para *smartphones*), de conteúdo interativo e, até mesmo, de animações. Trata-se de um *software* que vai muito além do trabalho com ilustrações, gráficos e marcas, visto que serve para qualquer tamanho e qualquer mídia. Por esse motivo, o Illustrator é considerado o aplicativo vetorial profissional mais usado por profissionais de publicidade e propaganda, *designers* e ilustradores profissionais de todo o mundo. Ainda, possibilita o compartilhamento de recursos com outros aplicativos da empresa Adobe, como o Adobe Photoshop e o InDesign, este último direcionado à diagramação de projetos com grandes números de páginas, como jornais, revistas, livros e catálogos.

Para reproduzir uma imagem vetorial, o *software* recorre a instrumentos de desenho. Retas, pontos, curvas, polígonos e outras formas são criadas a partir de combinações matemáticas e geométricas entre a ligação de pontos e de segmentos de linhas. Toda essa matemática, entretanto, não é perceptível no momento do processo de edição, simplificando bastante o trabalho. O funcionamento do Illustrator pode ser considerado similar ao de programas de modelagem em 3D, mas com foco para desenhos em 2D.

4.4 Particularidades das imagens digitais e aplicações

Existem inúmeras particularidades nas imagens digitais finalizadas no *render*. Por se tratar de uma imagem criada digitalmente, recomenda-se um cuidado especial com a ordenação dos elementos visuais. Além dos fatores estéticos, essa é uma das definições da composição visual executada pelo profissional que planeja a modelagem e o *render*, que procura sempre a maneira mais adequada de passar a informação. Embora seja uma imagem, o *render* transmite uma informação. Por isso, convém ter em emente o poder das imagens de informar e de persuadir as pessoas.

Para a criação de um *render* que atenda a essa preocupação, é necessário usar, como subsídios, os fundamentos de expressão visual, pois a qualidade da mensagem está intimamente relacionada à capacidade de implementar técnicas visuais. De acordo com Dondis (2007), a forma expressa o conteúdo. Portanto, a composição visual organiza elementos: textos, fotografias, anúncios, vídeos etc.

A composição visual, nas imagens digitais de *render*, enfrenta um desafio, em virtude de que o mesmo projeto pode ser visualizado em diversos dispositivos, em formatos diferentes. Em certos casos, o projeto pode ser visualizado de dois modos no mesmo dispositivo. Por exemplo, em um *tablet* ou *smartphone*, a visualização horizontal difere da vertical; já em computadores, *notebooks* e *smart TVs*, cujas telas variam de tamanho, a visualização é específica.

Existem ferramentas que automatizam a adaptação da imagem renderizada ao dispositivo. Isso compete à área denominada *design responsivo*, que determina que a imagem digital obedeça às dimensões do dispositivo em que for visualizada. Com o avanço da tecnologia, é cada vez mais comum o lançamento de *smartphones* com telas de vários tamanhos e, também, de *smart TVs* com tecnologias diferentes, gerando mais particularidades e aplicações para as imagens digitais renderizadas. Eis aí um desafio imposto ao desenvolvimento de imagens: atender aos novos formatos tecnológicos do mercado.

Segundo Lupton, Phillips e Borges (2008), a composição visual envolve a organização de elementos básicos: ponto, linha e plano. Imagens, ícones, texturas, padrões, diagramas, animações e sistemas tipográficos estão atrelados a esses elementos. Forma, direção, tom, textura, dimensão, escala e movimento são alguns dos aspectos basilares de uma composição visual.

Um dos princípios da composição visual é o **alinhamento** – não somente do texto, mas também de todos os itens da composição visual de uma imagem renderizada. Trata-se de uma das formas de organizar informações textuais, imagens, vídeos, animações, anúncios e outros elementos em uma interface.

O planejamento dessa organização deve considerar a compreensão do observador e/ou do leitor. Assim, o profissional que desenvolve a imagem digital deve colocar-se na posição da pessoa que a visualizará, simulando como será sua recepção e sua interação com a imagem renderizada. É preciso ter em mente em quais tipos de dispositivos a imagem será visualizada e quais personalizações deverão ser feitas para cada tipo de dispositivo. Ressaltamos, o alinhamento tem, como funções, direcionar o olhar e indicar o percurso que o leitor/observador da imagem deve seguir.

A neurociência explica que tudo o que não causa estranhamento em nosso cérebro causa a sensação de equilíbrio e de familiaridade, pois desde a infância estamos acostumados a alinhar informações, o que nos remete ao momento de alfabetização. Para os povos ocidentais, a leitura e a escrita ocorrem da esquerda para a direita, de cima para baixo. Nos contatos iniciados em nossos primeiros anos de vida, já é desenvolvido o senso estético, o que nos fornece uma noção do que deve estar à esquerda, centralizado, à direita e justificado (Dondis, 2007).

A proximidade é um princípio da Gestalt e recebe o nome de *lei do agrupamento*. Nos modelos 3D a serem renderizados, a força de atração das relações visuais tem um relevante papel na composição (Dondis, 2007). A seguir, expomos um exemplo prático relacionado a um aplicativo de *smartphone*. Imagine que você abre um aplicativo e não encontra informação alguma, mas apenas um ponto isolado dentro de um quadrado. Esse ponto manterá uma relação com o todo, o quadrado (Figura 4.9, à esquerda).

Figura 4.9 – **Exemplos de proximidade**

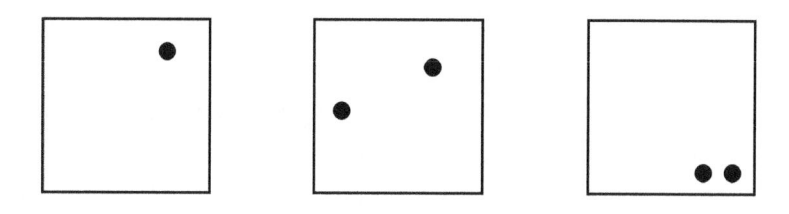

Na Figura 4.9, analisando o quadrado do centro, fica evidente que os dois pontos estabelecem uma relação de disputa na forma como interagem. A disposição dos pontos, no quadrado central, direciona o olhar ora para um ponto, ora para o outro. Isso significa que, pelo fato de estarem distantes entre si, cada ponto é comparado, de forma particular, ao quadrado ao redor, passando, em conjunto, a sensação de que se repelem. No quadrado à direita, nota-se que os pontos interagem, existindo equilíbrio e harmonia entre si. Nesse caso, há uma atração: quanto maior for a proximidade entre os pontos, maior será a atração e, visualmente, mais o cérebro agrupará esses elementos, lendo-os em conjunto.

No entanto, num primeiro momento, é preciso considerar o todo. Nesse sentido, os elementos próximos formam uma imagem, representam um desenho. Depois que essa imagem é descodificada pelo cérebro, passa-se a analisar cada elemento da composição. Então, no processo de aproximar os elementos, deve-se ficar atento ao desenho que a composição forma. Na Figura 4.9, o quadrado à direita dá a impressão de que há dois olhos no canto inferior direito da tela. Na prática, poderiam ser quaisquer elementos de uma modelagem em três dimensões que, futuramente, gerarão uma imagem renderizada.

> **Importante!**
>
> Os aplicativos devem levar em consideração o modo como as pessoas leem. Isso é necessário não só pelo fator localização geográfica, mas também pelo fato de as pessoas serem destras, canhotas e ambidestras. No caso do sistema operacional Android para *smartphones*, há um modo dedicado, exclusivamente, a pessoas canhotas. Na composição das imagens digitais, também é importante considerar essas informações.

A relação entre elementos contrários é o fundamento do princípio do **contraste**. Estudiosos e *designers* consideram-no um dos principais elementos do *design*, pois se trata de uma estratégia da composição que torna as imagens mais dinâmicas. Dondis (2007, p. 107) assimaponta a importância das polaridades:

> As técnicas visuais foram ordenadas em polaridades, não só para demonstrar e acentuar a vasta gama de opções operativas possíveis na concepção e na interpretação de qualquer manifestação visual, mas também para expressar a enorme importância da técnica e do conceito de contraste em todos os meios de expressão visual [...]. Em todas as artes, o contraste é um poderoso instrumento de expressão, o meio para intensificar o significado, e, portanto, simplificar a comunicação.

O contraste pode ser aplicado a diversos elementos de uma composição visual. Assim como as formas, que podem ser círculos, quadrados e linhas, o contraste pode estar relacionado à espessura, ao tamanho, às texturas, à profundidade, aos tons (uso de uma tonalidade de cor em diferentes níveis), à proporção (uso dos mesmos elementos em tamanhos diferentes), à escala etc.

Em uma composição visual, podem constar vários tipos de contraste. Na Figura 4.10, por exemplo, a parte superior do desenho apresenta formas sinuosas, ao passo que a inferior contém linhas retas e pontiagudas. A cor, na porção superior, é acinzentada em alguns pontos, aproximando-se do branco; na inferior, é vermelho-escura, com o uso do preto em alguns pontos, caracterizando o contraste de cor.

Figura 4.10 – **Exemplo de contraste de forma e de cor**

RAGI 1008/Shutterstock

A técnica de **repetição**, na composição visual, também é conhecida como *redundância*. Para aplicá-la a uma imagem digital renderizada, deve haver conexões visuais que não se interrompam e que formem uma imagem unificada. Toda repetição leva o indivíduo a memorizar os elementos constituintes, seja de um texto, seja de uma informação, seja de uma imagem. Tal recurso pode ser utilizado de forma extremamente criativa, como no exemplo da Figura 4.11.

Figura 4.11 – **Aplicação da repetição em uma composição**

fran_kie/Shutterstock

Para ser aplicada, a repetição precisa seguir sempre uma geometria padrão. Caso contrário, a leitura é de elementos similares, mas não de itens repetidos. Na aplicação desse fundamento, em algumas situações, acontece confusão com o uso de elementos orgânicos, que não são geométricos, situação em que o fundamento da repetição aplicada não será geométrico.

As aplicações das imagens digitais renderizadas são diversas e compreendem várias áreas de atuação da computação gráfica, começando pela engenharia, com a criação de *softwares Computer-Aided Design* (CAD). Profissionais de publicidade e propaganda, especialmente os que trabalham na área de criação, utilizam programas voltados para o processamento de imagens.

Profissionais da saúde e da medicina, por exemplo, empregam visualização de imagens que facilitam diagnósticos. Na medicina, são verificados avanços promovidos pela renderização de imagens, não somente para diagnosticar doenças, mas também para efetuar treinamento, como é o caso da preparação para cirurgias endoscópicas. Já na aeronáutica, existem simuladores proporcionados por imagens digitais renderizadas. Com esses simuladores, os pilotos são treinados para tomar a decisão correta em um momento de adversidade.

No direito, recorre-se a imagens digitais renderizadas para a reconstrução de cenas de crime, por exemplo. Na visualização chamada *científica*, são feitas, graficamente, representações de uma grande quantidade de dados gerados por vários equipamentos, como satélites e outros dispositivos de monitoramento remoto.

Convém citar, ainda, a visualização de informações volumétricas. Esse uso se refere à criação de imagens para dados volumétricos, como é o caso de dados oceanográficos e meteorológicos. A visualização de informações é destinada, também, ao auxílio da análise de informações financeiras: mineração de dados, gerenciamento de redes de computadores e estudo de mercado. Essas áreas extrapolam o campo de atuação do profissional das áreas criativas, mas é importante conhecê-las para saber como são abrangentes as possibilidades de aplicação das imagens digitais renderizadas e as soluções de problemas em diversos setores.

A animação é uma das aplicações com constantes inovações tecnológicas, permitindo que imagens sejam exibidas em sequência para provocar sensação de movimento no espectador. Nessa área, dá-se vida a objetos e a seres inanimados. Existem vários tipos de animação. As de duas dimensões, como nos desenhos animados, têm menor complexidade. Já as de três dimensões são mais complexas e bastante realísticas, e apresentam simulações de seres humanos, seres de outros mundos e tudo o mais que a imaginação possa criar.

Para facilitar o uso e as aplicações de imagens estáticas em *bitmaps*, o Photoshop, a partir da versão CC 2017, passou a disponibilizar um recurso que permite criar documentos a partir de modelos predefinidos editáveis como qualquer arquivo nativo do Photoshop, o PSD. Caso sejam utilizados arquivos com as mesmas características, o software permite transformá-los em modelos que podem ser reutilizados sempre que necessário, evitando que o editor seja reconfigurado.

Em um modelo, é possível definir dimensões (largura e altura), modo de cor (CMYK ou RGB), resolução e padrões de configuração utilizados em dispositivos específicos, como *smartphones*, *tablets* e outros recursos. É possível, ainda, alterar essas configurações, antes de criar um documento, por meio de uma predefinição. Entretanto, é preciso ter atenção com essas predefinições tendo em mente sua finalidade. Havendo a necessidade de criar um arquivo com configurações de mídias digitais e, depois, empregar a mesma arte em uso impresso, é imprescindível lembrar-se de que cada mídia tem configurações específicas. Os modelos e as predefinições são categorizados como foto, impressão, arte e ilustração, *web*, dispositivos móveis, filme e vídeo. Para acessar essas configurações, basta criar um documento, clicar na guia "Categoria" e selecionar uma das opções de arquivos predefinidos.

Reiteramos que as aplicações do Photoshop se destinam à manipulação de arquivos de *bitmap*, que geralmente são fotografias e pinturas digitais. Esses tipos de arquivo podem representar gradações sutis de sombras e cores com mais eficiência.

Com o Photoshop, pode-se fazer uma edição básica de enquadramento à iluminação, ajustar a nitidez e o contraste, utilizar filtros e ajustar níveis de saturação de uma imagem digital renderizada, por exemplo. Quando o Photoshop é utilizado para o enquadramento de uma imagem, a ferramenta recomendada é a de corte ("Crop Tool"), localizada na barra de ferramentas, junto da ferramenta "Perspective Crop".

Quando é acionada a ferramenta de corte, cria-se, automaticamente, uma seleção de corte em toda a imagem. Para alterar a área desse corte, basta deslocar a imagem, em vez de mover a seleção de corte. Três linhas e três colunas aparecem. Nessa situação, pode-se aplicar a regra dos terços, adotada na fotografia, segundo a qual, dividindo-se uma imagem com duas linhas horizontais e duas linhas verticais equidistantes, as intersecções formadas indicam os pontos para os quais os olhos do observador se direcionam. Portanto, manter o assunto principal da imagem em algum desses pontos chama mais a atenção do observador. O Photoshop permite diversos usos e aplicações na área criativa e no desenvolvimento de peças para mídias digitais e mídias impressas.

Como afirmamos, o trabalho com imagens em vetor demanda programas como o Illustrator. Recomenda-se, inicialmente, configurar a aplicação a ser utilizada na edição do vetor. Ao se iniciar o programa, aparecem, na tela inicial, as opções para escolher ou abrir um dos arquivos recentes (coluna da esquerda) e criar um arquivo com as predefinições apresentadas no Quadro 4.1.

Quadro 4.1 – **Uso e aplicações do Adobe Illustrator**

Predefinição	Aplicação
Print Document	Cria um documento configurado para aplicações com a finalidade de serem impressas, com o formato de cores destinado para uso de impressão.
Web Document	Cria um documento configurado para *web*, com formato de cores, tamanho de tela e tamanho de fontes destinados ao uso digital.
Mobile and Devices Document	Automaticamente, direciona-se à Device Central da Adobe, que permite escolher o tamanho dos arquivos para dispositivos móveis.
Device Center	Permite escolher o modelo do *smartphone* em que a arte será inserida. Está disponível a partir das versões CS6 do Adobe Illustrator.
Video and Film Document	Cria um documento no formato de vídeo, usando tamanhos predefinidos para assegurar que sejam interpretados corretamente nas aplicações de vídeo.

No Illustrator, há outras opções de criação de documentos, como a "Basic CMYK Document", que cria documentos com tamanho de arquivo, formato básico e modelo de cores CMYK, que é o indicado para impressão. A "Basic RGB Document" cria documento com tamanho de arquivo, formato básico e modelo de core RGB, que é o indicado para peças digitais, como telas, *sites* e apresentações digitais, interface para aplicativos etc. Há, ainda, a "From Template", com a qual é possível ter uma variedade de modelos do Illustrator: cartões, envelopes, folhetos, etiquetas, certificados, *postcards* e *website*, mas é necessário ter esses modelos prontos ou comprados em diversos *sites* de *templates*.

Além de oferecer as predefinições, o Illustrator permite criar documentos que podem ser usados para diversas aplicações, como ilustrações vetoriais com tamanhos personalizados de altura e de largura da página e de número de páginas. Espaço entre páginas, unidade de medida do arquivo, orientação da página e sangria são configurações que estão disponíveis na "Caixa de diálogo de configuração" de "Novo documento".

Quando inserida mais de uma prancheta – que, na prática, refere-se à quantidade de páginas do arquivo –, as versões em inglês do *software* a exibem como "Number of Artboars". Entre as opções de configuração, está a relativa ao modo como as páginas se organizam na área de trabalho. Nesse sentido, é permitido organizar as diversas páginas em linha horizontal, em linha vertical, em par etc. A opção "Spacing" (em português, "espaço") configura a distância entre as páginas. Já seu tamanho é definido com as opções "Width" (largura) e "Height" (altura). "Units" configura a unidade de medida do documento. "Orientation" (orientação) refere-se às opções de formato (retrato ou paisagem). Por fim, com "Bleed", é possível estabelecer a área de sangria do documento em suas quatro dimensões (Martins, 2005).

Para compreender as particularidades e as aplicações das imagens digitais renderizadas, é recomendável ter conhecimentos de composição visual, dos *softwares* de modelos 3D e dos *softwares* de imagens em *bitmaps*. Com o resultado da renderização nos *softwares*, é possível elaborar a pós-produção das imagens. Assim, o conhecimento das ferramentas de criação de imagens planas, como as vetoriais, é um grande diferencial.

SÍNTESE

Neste capítulo, abordamos a imagem digital e suas particularidades, como estrutura, modos de cor e de resolução de imagem e principais formatos digitais de imagem e de vídeo. Nos projetos de renderização, podem ser empregadas imagens com estruturas diferentes, como em *bitmap* e imagem vetorial. No *render*, as cores têm papel importante, pois são uma forma de apresentar o que é mais importante, destacando e direcionando o olhar.

As imagens digitais finalizadas no *render* apresenta particularidades. por serem imagens criadas digitalmente, recomenda-se um cuidado especial com a ordenação dos elementos visuais. As aplicações das imagens digitais renderizadas são diversas e compreendem várias áreas de atuação da computação gráfica, começando pela engenharia, com a criação de *softwares Computer-Aided Design* (CAD). Profissionais de publicidade e propaganda, especialmente os que trabalham na área de criação, utilizam programas voltados ao processamento de imagens, entre outros.

Soft Forest/Shutterstock

CAPÍTULO 5

OTIMIZAÇÃO DO PROCESSO DE RENDERIZAÇÃO

Neste capítulo, esclareceremos como otimizar o processo de renderização. Para isso, enfatizaremos a adequação da renderização ao estilo da animação produzida, à configuração de *samplings* (amostragens) e à aplicação de correções, como *denoiser* e *motion blur* do detalhamento, *adaptive sampling*, *baking* de texturas e de mapas e iluminação.

5.1 Adequação da renderização ao estilo da animação produzida

As animações realísticas são distintas das animações de personagens de desenho animado em três dimensões. Por essa razão, é necessário adequar a renderização ao estilo da animação produzida. Sendo a renderização o processo final de um projeto, o estilo desejado deve ser o espelho de todos os elementos desde a fase de construção das modelagens dos objetos, dos cenários e dos personagens nos programas específicos.

A adequação da renderização não deve ser feita no final do projeto, caso em que o trabalho pode ser maior. A aplicação de texturas a uma animação realística é, geralmente, diferente daquela aplicada a um desenho, normalmente feita apenas com cores.

O desenvolvimento de uma modelagem demanda *wireframes*, que, de certa maneira, funcionam como as vigas e os pilares de uma construção. Nos *softwares* de modelagem em 3D, são empregados primitivos geométricos, que são pré-fabricados. Os moldes vazados ou *shapes* são a origem desses primitivos. A modelagem deve adaptar-se ao estilo da animação a ser finalizada e, então, renderizada.

Figura 5.1 – **_Wireframes_ de uma modelagem em 3D**

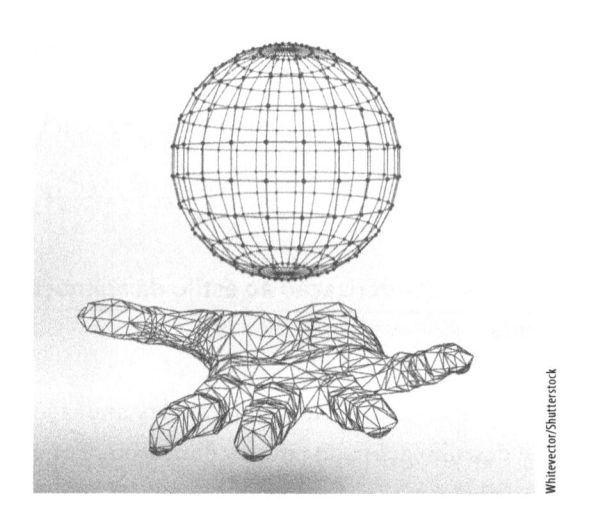

Além de recorrer aos primitivos para modelar, é possível transformar figuras geométricas planas em tridimensionais com o processo denominado *extrusão* ou *extrude*.

> **Analogia**
>
> Quando um confeiteiro modela biscoitos, as formas consistem em figuras geométricas planas. Estas são como os *shapes*. Já os *extrudes* podem ser comparados ao crescimento do biscoito no forno, momento em que deixarão de ter uma forma plana sem volume e passarão a ser tridimensionais.

Depois do processo de extrusão, é possível aplicar iluminação à imagem, que, igualmente, não pode destoar do estilo assumido para a animação.

O modelo em 3D finalizado deve receber, ainda, texturas e cores adequadas em suas faces, que também podem ser chamadas de *skin* (em português, "pele"). O tipo de material aplicado à *skin* interfere no modo como a iluminação age sobre o objeto em três dimensões modelado.

A modelagem e a aplicação dos materiais às faces – efeitos de cores, de textura e de iluminação – não são visíveis, automaticamente, na tela dos *softwares*. Mesmo com os avanços tecnológicos dos *hardwares* e dos *softwares*, poucos computadores têm *performance* para executar, em tempo real, os cálculos necessários para tornar visíveis os efeitos da aplicação dos materiais. Eis por que o *render* é primordial, pois é o processo que interpreta todas as informações aplicadas à modelagem em três dimensões, sejam as diretamente inseridas em suas faces, sejam as de iluminação (influência externa à imagem), como a reflexão de uma luz.

Caso os materiais ou configurações de iluminação não estejam de acordo com o estilo da animação produzida, isso somente é identificado na renderização, por ser um processo demorado. Isso acontece porque, além dos materiais aplicados, as configurações do computador que executa o processo influenciam o tempo da renderização e a complexidade dos objetos modelados, como a quantidade de faces e outros fatores.

Além das animações que procuram simular ao máximo a realidade, existe a animação vetorial, que, por ser formada por linhas e curvas, é desenvolvida de maneira vetorial. Assim, não é necessário compor imagens realísticas com características de *bitmaps* em cada *frame*. Isso seria dificílimo, pois cada quadro representa uma fotografia com pequenas alterações em relação à anterior. A sensação de movimento decorre da sequência dessas imagens. Cada quadro é criado, automaticamente, pelo processo de renderização, não sendo necessário efetuar cálculos matemáticos complexos durante a execução desse processo.

Na animação vetorial, basta movimentar os objetos em quadros-chave (*keyframes*), e o *software* automaticamente calcula os quadros intermediários durante o processo denominado *interpolação*. Essa animação tem como característica duas dimensões. Um dos programas utilizados para a criação desse tipo de animação é o Adobe Animate. Contudo, também existem animações vetoriais em três dimensões, que podem ser desenvolvidas em programas como Maya, 3D Max e Blender.

No processo de modelagem e de adequação da renderização ao estilo da animação produzida, a sonorização também deve ser considerada. O processo de dar vida a desenhos e imagens em si já é um desafio. Tão ou mais desafiador é fazer o mesmo com o som. Como uma maneira de expressão artística, o som é tão antigo quanto a humanidade. Por lidar com conceitos extremamente abstratos – afinal, não se pode tocar, visualizar e sentir o cheiro de um som –, é um objeto de difícil definição. O único sentido humano capaz de notar sua existência é a audição. Mesmo assim, o som tem grande poder de despertar a atenção das pessoas e, desde que a tecnologia proporcionou sua aplicação nas animações, seu uso tornou-se quase obrigatório.

O *design* de som também deve ser pensado durante a adequação da renderização ao estilo de animação produzida. No início do planejamento de uma animação, devem ser tomadas as decisões relativas ao som, como:

- os efeitos sonoros, que podem ser gravados em estúdio ou captados de fontes existentes;
- a trilha sonora;
- as vozes dos personagens.

O *design* de som e o de animação apresentam várias semelhanças. Neste último, por mais que se procure produzir um material bastante realístico, as modelagens que resultam nas renderizações são criadas, não captadas diretamente. Nos projetos de filmes com atores, as imagens são filmadas, e a mesma ideia pode ser aplicada ao design de som, porque não é possível gravar todo um filme tradicional com apenas a sinterização de sons. Nas animações, é possível distorcer os sons, manipulá-los, misturá-los, alterar sua velocidade, modificar sua entonação e outros recursos.

Exemplos podem ser vistos em desenhos infantis, nos quais efeitos sonoros têm grande destaque, como é o caso de *Speed Racer*, *Tom & Jerry* e *Pepe Legal*.

Atualmente, existem vários recursos que facilitam a manipulação e o uso de som nas animações, como os arquivos de efeitos sonoros. Entretanto, nos primeiros trabalhos na área, os profissionais responsáveis enfrentavam desafios maiores. Demandava-se deles muito mais criatividade e bastante pesquisa para desenvolver um *design* de som adequado e sincronizado. Grande parte do resultado dessa pesquisa é aproveitada até os dias de hoje.

Alguns sons são produzidos com objetos inusitados. No design de som, também conhecido como sonoplastia, denominam-se *foleys* tais efeitos sonoros, os quais podem ser observados, por exemplo, no longa *Guerra nas estrelas*. Para esse filme, foram desenvolvidos vários sons específicos. O som dos famosos sabres de luz foram produzidos associando-se o som de um microfone desencapado localizado próximo de uma televisão ligada com o de um projétil de 35 mm. Outro exemplo é o som dos *TIE fighters*, que foi obtido a partir da mistura do som da derrapagem de um carro no asfalto molhado com ruídos de elefante. Sons captados em eventos como o Show Aéreo Anual da Associação de Aviação Experimental do Wyoming foram utilizados para os sons de naves. Werneck (2005) afirma que filmes de ação costumam se valer de sons de bife batido para ressaltar socos e pontapés, e talos de aipo sendo quebrados parecem sons de ossos fraturando-se.

Todo esse conhecimento é importante para a adequação da renderização ao estilo da animação produzida. O cinema sempre é uma grande referência para os projetos de animação. Alguns profissionais e estudiosos defendem que o cinema nunca foi mudo, apenas não havia maneiras de sincronização satisfatória do som com a imagem. A associação entre sons e imagens acontece de forma natural. A música e a trilha sonora em si dão o tom à animação e ao filme, seja engraçado, seja dramático.

No início e durante uma animação, o som situa os espectadores e contribui para a linguagem e a narrativa. Uma dica para escolher a trilha sonora é questionar-se sobre o tipo de sentimento esperado do espectador da animação. Em certas animações, apenas as passagens importantes são destacadas. Esses destaques podem ser obtidos com uma ou mais notas sustentadas. Filmes de terror e de suspense, como *Tubarão* e *Psicose*, são conhecidos por sua trilha sonora. Nesses filmes, foram aplicados os mesmos fundamentos de design de som das animações.

Historicamente, no contexto do cinema mudo, nas salas de projeção dos filmes, pianistas ambientavam as cenas, dando-lhes clima e tom. Em alguns casos, até improvisos aconteciam conforme os músicos eram influenciados pelas imagens dos filmes. Para grandes produções, orquestras acompanhavam os filmes, tocando, muitas vezes, trilhas sonoras com partituras originais. A partir de 1927, avanços tecnológicos, como o *vitaphone*, proporcionaram a sincronização entre imagem e som.

No universo das animações, um dos primeiros grandes sucessos de trilha sonora foi o filme *O velho e o mar*, cujo compositor, o canadense Normand Roger (1949-), foi premiado com um Oscar. Roger declara que a música pode identificar situações ou personagens, tornando-se desnecessário repetir imagens para essas identificações (Hofferman, 2008). Com uma boa trilha sonora, é possível associar certo som a determinado personagem e, até mesmo, a uma situação. Assim, faz-se desnecessário o personagem aparecer em cena; tecnicamente, sua presença pode ser indicada pela cadência. A cadência da música ou do som, em geral, é normal e contínua. A alteração dela pode revelar que algo diferente acontecerá na cena. Se houver a repetição de dada música, em ritmos diferentes, ou uma súbita interrupção, em partes diferentes da obra, isso pode assinalar o drama da narrativa. Normalmente, a música é marcada pelos *keyframes*.

Em 1927, quando o som foi introduzido no cinema, surgiu a grande dificuldade de ajustar os desenhos em movimento no formato cartum às notas musicais, e de marcar, antecipadamente, os tempos das ações que deveriam ter uma nota com entonação diferente. Uma das técnicas adotadas consiste em não variar a velocidade de 24 desenhos por segundo, para fixar o quanto de música seria ouvido em cada segundo de filme.

Nessa etapa dos projetos de animação, os músicos começaram a contribuir já na concepção dos filmes. Isso acontecia antes de o departamento de animação receber qualquer informação e de criar os desenhos sincronizados de acordo com o som. Os músicos propunham canções que poderiam ser temporárias, visto que o animador e o diretor do filme tinham a possibilidade de sugerir alterações. Nesse momento, as vozes já eram gravadas pelos atores. Como teste, em um primeiro momento, as vozes eram gravadas pela própria equipe e, posteriormente, finalizadas pelos dubladores. Nessa etapa, para facilitar produções posteriores, as trilhas sonoras eram catalogadas, servindo como referência para outros projetos.

Esclarecemos que a trilha sonora não se restringe a música e voz, mas envolve também efeitos de ambientes e de fenômenos naturais, como chuva, ruídos, fogo, vento, portas se abrindo, passos, vidros se quebrando, tosse, espirros e tiros. Tudo deve ser sincronizado com os movimentos dos personagens, para que os efeitos sonoros valorizem as ações e se ajustem ao estilo da animação produzida.

Essa evolução não impediu o animador de trabalhar de acordo com o tempo da música e de sugerir novas atitudes para os personagens. Antes de iniciar o processo de animação com uma canção-guia, era produzido o *storyboard* da sequência musical, que interagia com as propostas do ritmo da música, dando uma nova direção ao planejamento inicial. Todo esse processo de pré-produção foi sistematizado pela indústria do desenho animado. As técnicas de colaboração entre animação e trilha sonora se transformaram em padrão para o modelo da indústria do desenho animado desde então.

No projeto de animação, no design de som, na etapa do som-guia, deve ser detalhado tudo o que precisará ser sincronizado com a animação dos personagens e, essencialmente, as conversas. No caso de uma animação em que um personagem canta uma música, é necessário ser mais minucioso. É necessário prever esses movimentos no *storyboard*, e os animadores e desenhistas têm de elaborar os personagens que cantam e dançam e sincronizá-los com a música.

Em grandes produções, é comum contratar artistas para criar e cantar as músicas. No filme Tarzan, de 1999, o cantor inglês Phil Collins foi contratado para compor o tema principal da trilha sonora, mantendo o tempo e o ritmo sincronizados com o do personagem animado. O avanço dos *softwares* de modelagem e de animação tem facilitado o processo de design de som, sendo recomendável utilizar *softwares* específicos de edição, de tratamento e de manipulação para esse fim.

5.2 Configuração de *samplings* (amostragens)

Na otimização de uma renderização, para verificar o que acontece em uma cena e executar testes de animação, são elaboradas amostragens primárias ou secundárias, denominadas *samplings*. Quanto maior for o número de amostragens de uma cena, mais serão os dados fornecidos ao *software* de renderização, que compreenderá melhor a cena e, consequentemente, produzirá um *render* com melhor qualidade.

Na prática, um maior número de amostragens por cena produz um *render* com uma quantidade menor de manchas, que são causadas, justamente, por falta de dados que transmitam informações a serem processadas pelos programas de *render*. Nesses casos, o *software* de renderização não reúne a quantidade de dados suficientes para compreender as informações de uma cena. Assim, para reduzir as manchas, é mandatório o fornecimento de mais amostragens. O programa V-Ray, que é específico para renderização, controla a quantidade de amostragens primárias enviadas para cada cena. Esse controle depende dos parâmetros listados a seguir:

- Min Subdivs;
- Max Subdivs;
- Color Threshold no Image Sampler.

No V-Ray, o número de amostragens secundárias enviadas para a cena e seu controle ocorrem, principalmente, pelas configurações individuais dos parâmetros: luzes, iluminação global e materiais na cena. Além desses parâmetros, o número de amostragens secundárias pode ser definido pelas configurações do "Noise Threshold" do DMC Sampler. No V-Ray do Maya[1], o "Noise Threshold" é chamado "Adaptive Threshold". Esclarecendo as amostragens primárias no V-Ray são as que podem ser controladas pelo "Image Sampler", que também é conhecido como AA (de "Anti-Aliasing"), recurso específico para o entendimento da geometria de uma cena e de conceitos como *depth of field*, *motion blur*, texturas etc. Por sua vez, as amostragens secundárias são controladas no V-Ray pelo DMC Sampler, que é específico para compreender a iluminação – global, refração e reflexão dos materiais, dispersão de subsuperfície, sombras etc.

O V-Ray disponibiliza o recurso denominado "Render Sample Rate", que facilita a otimização da renderização e mostra o "Anti-Aliasing", que exibe o que faz determinado *pixel*. Quanto ao funcionamento do "Anti-Aliasing" no V-Ray, a cor azulada indica que o *pixel* específico exige quantidade menor das amostragens primárias de "Anti-Aliasing" disponíveis. A cor esverdeada informa que determinado *pixel* exige quantidade média de "Anti-Aliasing" disponíveis. Por sua vez, a cor avermelhada sinaliza maior quantidade de amostragens primárias. Dessa forma, o "Image Sampler" informa os detalhes da geometria relacionados às bordas dos objetos com o objetivo de torná-los definidos e limpos.

Na prática, não é recomendável aumentar os parâmetros de amostragens primárias com o objetivo de limpar as manchas. Na verdade, deve-se deixar essas amostragens adicionais para o DMC Sampler, que inclui Subdivs das Luzes/GI/Materiais; aliás, essa é a ferramenta indicada para essa tarefa. Por ser especializada na

---

[1] Programa de modelagem 3D, animação e efeitos especiais desenvolvido pela Alias Systems Corporation.

limpeza de manchas de iluminação no V-Ray, de certa forma, algumas configurações do "Anti-Aliasing" são universais. Por exemplo, entre 1 e 100, geralmente estão os métodos mais eficientes de renderização de uma cena. Alguns profissionais consideram que, nessas configurações, o V-Ray opera no piloto automático.

Com isso, consegue-se o controle da qualidade do *render* apenas com o ajuste da configuração de "Noise Threshold". Caso haja grande quantidade de manchas em um *render*, basta diminuir esse parâmetro e continuar o uso do "Anti-Aliasing". Esse ajuste deve ser executado até que seja alcançado o nível esperado do "Noise Threshold", garantindo um bom visual. Para estudantes e profissionais iniciantes, esse é um modo de resolver problemas e otimizar a renderização com o mínimo de conhecimento.

Para que a configuração de *samplings* (amostragens) esteja correta e a otimização aconteça com mais facilidade, é incontornável identificar aspectos da cena que geram as manchas. Algumas cenas poem exigir mais dos recursos do "Image Sampler". Em outras cenas, é conveniente usar o recurso "DMC Sampler". Geralmente, os objetos que o demandam têm amostragens primárias, como:

- detalhes geométricos finos – grama, cabelo, folhagens etc.;
- detalhes de texturas finas – detalhes de relevo, tranças etc.;
- cenas com "Depth of Field" suave ou com "Motion Blur" carregado.

Há circunstâncias em que o recurso "DMC Sampler" requer mais das amostragens secundárias para eliminar as manchas, quais sejam:

- grandes fontes de luz que produzam sombras suaves;
- materiais com grande quantidade de brilho de refração ou de reflexão;
- cenas com iluminação global, designada *Brute Force* – normalmente cenas internas.

As manchas ocasionadas pelo "Image Sampler" costumam ser percebidas mais facilmente, até a olho nu, pelo fato de manifestarem bordas obscuras ou serrilhadas. Exemplos disso são o "Depth of Field" e o "Motion Blur" granulados e efeitos como os padrões *Moiré*.

Por sua vez, as manchas provocadas pelo "DMC Sampler" são mais difíceis de ser percebidas e de ter sua origem detectada. Normalmente, os profissionais especializados em renderização no V-Ray utilizam algumas ferramentas para facilitar a percepção dessas manchas, como:

- Lighting;
- Global Illumination;
- Reflection;
- Refraction.

Tais ferramentas de *render* favorecem isolar e analisar os níveis de manchas geradas por quaisquer aspectos individuais de uma cena. No Maya, também é possível utilizar essas configurações.

> **Importante!**
> A qualidade do "Anti-Aliasing" reflete no tempo da renderização – ou seja, quanto maior é a qualidade do "Anti-Aliasing", maior é o tempo que o *software* e o *hardware* levam para renderizar a cena.

Com o Maya, usando a opção "Mental Ray", basta seguir os seguintes procedimentos:

1. Render Settings;
2. Window;
3. Rendering Editors;
4. Render Settings;
5. aba "Quality";
6. grupo "Anti-Alising Quality".

O Maya disponibiliza a função "Sampling Mode", que permite a configuração da quantidade de "sampleamento" do "Anti-Aliasing". Nesse sentido, quanto mais amostras por pixel houver, melhor será a fusão dos *pixels*, suavizando essas áreas. Os atributos denominados *max sample level* e *min sample level* definem a faixa de níveis em que deve acontecer o "sampleamento" e seus valores máximo e mínimo. Se o valor mínimo (*min sample level*) for −1, e o valor máximo (*max sample level*) for 2, os *pixels* podem ser suavizados com o uso do nível −1. Os que necessitam de um nível maior podem ser suavizados com níveis superiores, sem ultrapassar o nível 2, que está, nesse caso, definido como valor máximo. O Maya dispõe de ferramentas para melhorar a fusão dos *pixels*. Para compreender qual é o efeito visual da fusão de pixels, observe a sombra e a iluminação feita em torno do personagem que consta na Figura 5.2.

Figura 5.2 – **Exemplo de fusão de pixels**

Space Wind/Shutterstock

Salientamos que o *min sample level* sofre a influência do atributo "Anti-Aliasing Contrast". Com isso, o valor configurado é o nível mínimo de *samples* garantido. No entanto, de acordo com o valor de "Anti-Aliasing Contrast", o "Mental Ray" pode aumentar o nível mínimo de *samples* definido por *min sample level*. Os valores negativos são denominados *infra-sampling*, e os positivos, *super sampling*.

Geralmente são utilizados os valores 2 para máximo e –2 para mínimo, por se tratar de boa configuração para a renderização final. quando acontecem falhas nos objetos muito finos, como a tela de uma grade, são recomendados o aumento do valor de *min sample level*. O "Sampling Mode" é dividido em três opções. Entre elas, muda-se a relação entre os valores de *min sample level* e de *max sample level*, o uso ou não do atributo "Anti-Aliasing Contrast" e a relação com o atributo "Filter". Essas opções estão discriminadas a seguir:

- Fixed Sampling;
- Adaptive Sampling;
- Custom Sampling.

A "Fixed Sampling" utiliza número fixo de *samples*. Os valores de *min* e de *max sample level* são *exact*, ou seja, são sempre iguais, ignorando o "Anti-Alising Contrast", mas habilitando os atributos do grupo "Multi-Pixel Filtering".

O modo-padrão é o "Adaptive Sampling", com o qual só é possível fazer o ajuste do valor *max sample level*. O valor de *min sample level* é ajustado automaticamente. A relação entre esses valores é sempre de dois níveis: por exemplo, caso ajuste *max* para 2, o *min* será 0; na situação em que o *max* for 1, *min* será –1, e assim por diante. Isso acontece porque esse modo trabalha de maneira simultânea com "Anti-Aliasing Contrast". Assim, basta usar os atributos do grupo "Multi-Pixel Filtering" a partir do nível 1 de *max sample level*.

A "Custom Sampling" proporciona a configuração de valores independentes para *min* e para *max sample level*. Quando é mantido o modo "Adaptive Sampling", exceto quando os dois valores são iguais, isso resulta no modo *fixed*. De modo geral, a relação entre os valores de *min* e de *max* não deve ser maior do que três níveis, uma vez que esse modo trabalha em conjunto com o "Anti-Aliasing Contrast", sendo apenas usados os atributos do grupo "Multi-Pixel Filtering" a partir dos níveis –1 e 0 de min e de *max sample level*. O modo "Custom Sampling" é a forma manual de configurar o "sampleamento", e o funcionamento da "Fixed Sampling" e da "Adaptive Sampling" ocorre por meio de pré-configurações, automaticamente.

5.3 Aplicação de correções

Nas aplicações de correções, em geral, são utilizados os recursos de "Denoiser" e de "Motion Blur". "Denoiser" é um *render element*, ferramenta que otimiza o tempo para efetuar correções de ruído, depois que o *render* é executado. Suas funções devem ser conhecidas para que as configurações não danifiquem a imagem renderizada, em vez de promover um melhoramento.

Alguns *softwares* de renderização contam com ferramentas específicas. No V-Ray, por exemplo, há o "V-Ray Denoiser", que utiliza um *render* existente e executa a operação *denoising*. Essa operação detecta áreas de uma imagem em que há ruído, executando sua suavização. Essa operação pode ser feita depois de a imagem ter sido renderizada, porque o "V-Ray Denoiser" utiliza outros elementos de renderização, como o "RGB_Color", em vez de realizar todos os procedimentos no momento da renderização.

Há dois mecanismos muito utilizados para reduzir ruídos. Um deles é o removedor de ruído NVIDIA AI, com o qual é implementado o algoritmo do V-Ray de remoção de ruído baseado nos padrões da NVIDIA. O "V-Ray Denoiser" apresenta três opções predefinidas para configurar esse removedor de ruído:

1. Padrão.
2. Suave.
3. Forte.

Todas as diretrizes e todos os parâmetros podem ser ajustados diretamente com a predefinição *custom*. Na renderização, o "V-Ray Denoiser" executa a adição automática de alguns elementos que, no *buffer* de quadros do programa, são exigidos pelo algoritmo de *denoising*. Alguns deles são padrões de renderização, como reflexo e filtro difuso. Além disso, alguns elementos de renderização especiais são gerados, como o "Noise Level" e o elemento de renderização "Defocus Amount".

O "Denoiser Padrão" do V-Ray permite a utilização da CPU ou da GPU (GPUs AMD ou NVIDIA) para executar a eliminação de ruído, que é considerada consistente porque aplica o mesmo operador de remoção de ruído a todos os canais de renderização. Já o *denoiser* NVIDIA AI precisa de uma GPU NVIDIA para seu funcionamento, independentemente de a renderização real ter sido executada na CPU ou na GPU.

Como todo processo de renderização apresenta vantagens e desvantagens, comparado ao removedor de ruído V-Ray padrão, o *denoiser* NVIDIA AI é mais veloz, mas não suporta o "Denoising Cross-Frame" e tende a produzir cintilação em animações. Assim, deve ser empregado somente no NVIDIA Maxwell e em arquiteturas de GPU mais recentes. Os parâmetros para esse elemento de renderização aparecem no editor de atributos, em "Extra V-Ray Attributes":

- *Enabled*: habilita os elementos de renderização para aparecer no "V-Ray Virtual Frame Buffer".
- *Deep Output*: especifica se o elemento de renderização deve ser incluído em imagens profundas.
- *Filename Suffix*: é o texto adicionado ao final do arquivo renderizado salvo como um arquivo separado.

- *Mode*: especifica como os resultados do "V-Ray Denoiser" serão salvos. Pode ser mais específico, como *only generate render elements*, em que todos os elementos de renderização necessários para a remoção de ruído são gerados de forma que a remoção de ruído seja feita, com a ferramenta "Denoise" independentemente ou com o *plugin* "V-Ray Denoiser" para Nuke. A informação calculada por essas ferramentas não é aplicada a outros elementos de renderização, e nenhum "V-Ray Denoiser Render Element" é gerado. Na opção "Hide Denoiser", o elemento e o canal "V-Ray Denoiser" não estão presentes, separadamente, no VFB. Já na opção denominada "Effects Result", o canal é gerado com a imagem, na opção que recebe o nome de "Show Denoiser Element". O "V-Ray Denoiser Render Element" é gerado para conter uma versão sem ruído do "RGB Color Render Element" usando as configurações especificadas. E os elementos de renderização originais, incluindo o elemento de renderização de cor RGB, não são alterados.
- *Engine*: permite escolher entre o *denoiser* V-Ray padrão e o *denoiser* NVIDIA AI (que requer uma GPU NVIDIA).
- *Preset*: oferece predefinições para os valores de força e de raio. "Default" aplica redução de ruído de nível médio. "Mild" aplica um nível mais sutil de redução de ruído do que a predefinição padrão. "Strong" aplica um nível mais forte de redução de ruído do que a predefinição padrão. "Custom" permite que os parâmetros de força e raio sejam personalizados.

- *Strength*: determina a força da operação de eliminação de ruído. Seu valor é definido, automaticamente, pela seleção da predefinição, mas pode ser alterado quando "predefinido" é tomado como "personalizado".
- *Radius*: especifica a área ao redor de cada *pixel* a ser eliminado. Um raio menor afeta uma faixa menor de *pixels*, ao passo que um raio maior afeta uma faixa maior, o que aumenta a remoção de ruído. Esse valor é definido, automaticamente, pela seleção da predefinição, mas pode ser alterado quando "predefinido" é tomado como "personalizado".
- *Hardware Acceleration*: utiliza o(s) dispositivo(s) GPU para acelerar os cálculos de redução de ruído. Caso não haja um dispositivo GPU compatível, a remoção de ruído voltará, automaticamente, a usar a CPU, mesmo se a opção estiver habilitada. Quando o *denoiser* NVIDIA AI é usado, essa opção não está disponível.
- *Update*: reaplica a operação de remoção de ruído quando os elementos de renderização necessários já estiverem presentes no *buffer* de quadros do V-Ray. Os elementos podem ser gerados a partir de uma renderização no Maya ou a partir do carregamento de um multicanal vrimg ou OpenEXR no "V-Ray Frame Buffer". Esse botão permite aplicar a eliminação de ruído novamente, depois que as configurações de *roll-out* forem alteradas.

Além do "Denoiser", o "Motion Blur" (em português, "desfoque de movimento") é uma das opções para aplicar correções. Apresenta configurações que controlam a quantidade, o tipo e a qualidade do desfoque de movimento. Portanto, dependendo do *software* utilizado, "Motion Blur" pode ser aplicado a câmeras, objetos, luzes e sombras.

Quando detectado ruído de borrão de movimento, uma das soluções recomendadas é o aumento do número de amostras de câmeras com "Anti-Alising". No entanto, é preciso considerar que, no momento da renderização de uma animação, o "Motion Blur" provoca o efeito de movimento por meio do desfoque dos objetos em cena. Em certos casos, não é uma correção que precisa ser executada, pois trata-se de um recurso para conferir a sensação de movimento para a animação.

De acordo com o *software* de renderização adotado, é possível executar o ajuste do "Motion Blur" para uma cena completa e para objetos específicos. Nesse sentido, é importante verificar se alguma superfície da cena se moveu. Para movimentos rápidos, não é recomendado habilitar tal função. Dessa forma, o ajuste das configurações, por objeto, costuma ser mais rápido e ter menos impacto na velocidade de renderização. Caso se utilize o *software* Maya para habilitar o desfoque de movimento, é possível empregar o editor de atributos, na seção "Render Stats", ao selecionar o nó de forma de um objeto.

Na maioria dos *softwares*, como no Maya, o "Motion Blur" só aparece na janela de exibição durante a animação de transformação. Em situações em que uma luz ilumina um objeto em movimento, pode acontecer de a sombra do objeto não ficar borrada corretamente, bem como quando um *spot light* em movimento ilumina uma superfície. Igualmente, pode ocorrer de o feixe de um *spot light* que se move pela superfície não ficar borrado.

O "Motion Blur" geralmente não é renderizado em reflexos e em refrações, sendo importante observar essas situações. Dependendo do caso, se o uso de desfoque de movimento for realmente necessário, é preciso buscar alternativas. Para clarificar como funciona o "Motion Blur", detalharemos como devem ser as configurações de exposição de uma câmera.

Figura 5.3 – **Exemplo de efeito blur, ou borrado, indicando movimento**

As configurações de exposição de uma câmera determinam a profundidade de campo, ou seja, a região de foco nítido. O "Motion Blur" é determinado pela velocidade do obturador: quanto mais lenta é a velocidade do obturador, mais difícil é parar o movimento. Um carro em movimento é um exemplo disso. Nesse caso, o movimento parece borrado com velocidades mais lentas do obturador. Em velocidades mais altas, o carro em movimento é "parado" e, portanto, aparece em foco na imagem.

Outros *softwares*, como o Blender, também utilizam os recursos do "Motion Blur". As animações do Blender são renderizadas, por padrão, como uma sequência de imagens estáticas, sendo uma solução adequada para *stop motion*. No entanto, o nível de realismo é reduzido porque objetos em movimento rápido parecem borrados na direção de seu movimento.

O efeito do "Motion Blur" está disponível apenas nas renderizações finais. Isso significa que não é mostrado na *viewport 3D*. Por isso, nas renderizações da *viewport*, as configurações básicas do "Motion Blur", com o *software* Blender, são:

- **Posição:** controla em que ponto o obturador é aberto com relação ao quadro atual.
- **Começar no quadro:** o obturador começando a abrir no quadro atual.
- **Centralizar no quadro:** o obturador está totalmente aberto no quadro atual.
- **Fim no quadro:** o obturador está totalmente fechado no quadro atual.
- **Obturador:** tempo, em quadros, entre a abertura e o fechamento do obturador.
- **Separação de fundo:** usado pelo desfoque pós-processamento para evitar desfocar o fundo sobre o primeiro plano. Valores mais baixos reduzem o sangramento do fundo nos elementos do primeiro plano.
- **Max Blur:** distância máxima de desfoque que um *pixel* pode espalhar, sendo que o valor zero desativa o desfoque pós-processamento, utilizando apenas o desfoque de acumulação.

Por fim, é conveniente lembrar que, para a aplicação de correções como "Denoiser" e "Motion Blur" ao detalhamento e à "Adaptive Sampling", o profissional que trabalha com *render* precisa lidar com diferentes saberes, entre os quais se destaca o conhecimento técnico de fotografia.

5.4 *Baking* de texturas e de mapas e iluminação

Preparação de texturas, *render to texture* (em português, "*render* para textura"), e *baking* de texturas são nomenclaturas utilizadas pelos profissionais da renderização para designar as técnicas que otimizam o processo em questão. Por combinar os atributos da superfície da face da modelagem – iluminação, sombras e texturas –, salvando-os como um **mapa de imagem** para o objeto, essa etapa possibilita a adoção de um ou vários aspectos da textura na preparação do **mapa da textura**. Executando esse procedimento, é possível transformar mapas procedurais em *bitmap*, como um reflexo que foi gerado pelo mapa. Também é possível aplicar e preparar um mapa de imagem com o resultado da adição de iluminação avançada em um ambiente, como os efeitos de iluminação.

É importante ter conhecimento das opções de configuração de iluminação avançada, pois aumentam significativamente o tempo para processar a renderização. Por essa razão, a transformação das texturas é um processo fundamental em vários tipos de renderização, como as de ambientes virtuais 3D visualizados em tempo real com óculos de realidade virtual. Utilizando o exemplo do *software* 3D Max, o mapeamento pode ser feito antes do *render to texture* empregando-se o recurso denominado "Unwrap UVW".

As texturas, além de representar o material real em uma modelagem em 3D, quando são bem-produzidas e planejadas, tornam dispensável para a modelagem um grande número de polígonos para conferir aos objetos, aos personagens e aos cenários a sensação de tridimensionalidade. Quando o desenho da base da modelagem e das texturas é equilibrado, a sensação de realidade é mais convincente quando o *render* é utilizado em um *game*. A execução do jogo, no momento da interação entre ação e jogador, necessita de alto poder de processamento, o que pode sobrecarregar a memória do dispositivo que processa o jogo. O uso correto de texturas otimiza a animação de jogos, principalmente os que são destinados a dispositivos móveis, como *smartphones*.

A textura possibilita ganhos enormes na otimização da modelagem e do *render*. Detalhes como baixos relevos e dobras de roupas são muito bem-representados quando são aplicados em uma base de desenho plana. Assim, não há a necessidade de produzir modelagem mais complexa, com grande número de polígonos. No entanto, para obter bons resultados, é recomendável o planejamento de texturas com a integração dos detalhes da iluminação virtual, para que a modelagem em 3D respeite a intensidade e a direção geral da luz.

Quando uma textura é aplicada, todos os efeitos de iluminação e de câmera podem ser visualizados no teste. Caso se constate que a animação está com uma aparência chapada, situação que pode acontecer quando o objeto com textura tem erros na direção da iluminação, todo o efeito 3D pode ser destruído. Isso acontece porque o brilho e as sombras sem aplicação de iluminação são representados, simplesmente, por texturas estáticas, que não obedecem às mudanças de iluminação de acordo com o movimento do personagem na animação.

Manipulando imagens digitais com *softwares* específicos, como o Adobe Photoshop, os profissionais da área utilizam imagens, fotografias e pinturas digitais estilizadas como base para os desenhos em 3D. São usados até mesmo mapas bidimensionais, aos quais se acrescentam texturas para os diversos componentes – cenários, objetos, imagens etc. Também é possível utilizar detalhes dos objetos fotografados, além dos já produzidos e modelados em 3D, para obter texturas pré-iluminadas, sofisticadas no sentido de conter detalhes de relevo, em objetos e em personagens nos jogos 3D.

Dessa forma, faz-se necessário o emprego de poucos polígonos para obter a modelagem, o que otimiza muito o processamento. Logo, representar ambientes e objetos iluminados bastante detalhados em dispositivos que não dispõem de capacidade de memória sofisticada torna-se algo mais simples. Um exemplo prático é o jogo *Super Mini Racing*, ao qual esse método foi aplicado para passar a sensação de efeitos de iluminação mais sofisticados do que os permitidos pelos dispositivos gráficos disponíveis na época. Outra solução que pode ser obtida com a utilização correta de texturas em cenários de jogos em 3D é a suavização de linhas retas, principalmente quando a modelagem é executada com uma pequena quantidade de polígonos.

Para a aplicação correta de determinadas texturas, em um modelo em três dimensões, é recomendável elaborar um mapeamento de textura, também conhecido como *texturização* e como *mapeamento UV*. Esse mapeamento é feito de forma plana e, depois, é aplicado às formas tridimensionais. O método possibilita a projeção de uma imagem – no caso, texturas em duas dimensões – nas faces de modelos de três dimensões.

O método de mapeamento UV utiliza os mesmos conceitos das coordenadas X, Y e Z, e o uso das letras U e V correspondem às últimas letras do alfabeto, UVXYZ (excetuando-se o W), e aos eixos de um espaço tridimensional. O **mapa UV** geralmente é criado de forma automática nos *softwares* de modelagens, mas também pode ser desenvolvido, manualmente, pelo profissional de modelagem. Editar um mapa gerado automaticamente é outra opção viável.

Para gerar um mapa UV, é necessário, pelo menos, ter um desdobramento da malha, criar a textura ou baixar um arquivo de textura pronta. Normalmente, as texturas são repetidas várias vezes, o que requer cuidado, principalmente no início e no término, para garantir uma harmonia visual sem falhas e sem emendas. Nas texturas, podem ser aplicadas configurações avançadas para torná-las muito mais realistas.

As texturas podem ser elaboradas pelo profissional da modelagem, criando imagens em *softwares* específicos de edição de *bitmaps* com *pixels* e mediante pesquisa em diversas plataformas e em diversos *sites* que dispõem de milhares de arquivos para *downloads*. Esclarecendo, um *pixel* é o menor elemento que pode ser visualizado em dispositivos digitais, como televisores, telas de computador, *smartphones* e *tablets*. O conjunto de *pixels* forma uma imagem que é editada em *softwares* de edição de imagem em *bitmap*, como o Photoshop (Doeffinger, 2005).

Além das características que as texturas apresentam, há inúmeras outras possibilidades de personalização. Por esse motivo, a cada dia surgem animações em 3D quase idênticas à realidade, como resultado de um bom processo de renderização.

Depois de criar uma textura, é possível personalizá-la. Nesse sentido, vários tipos de mapas podem ser configurados no *software* Maya. Vale lembrar, no entanto, que os principais *softwares* contêm recursos similares. Um desses é o **mapa de cores**, que, quando aplicado a uma textura com atributo de cor, oferece um controle mais preciso das cores de um objeto. Outro é o **mapa de transparência**, que insere uma textura com variações nas partes do objeto. Determinada parte pode ficar um pouco transparente, totalmente opaca ou totalmente transparente. Com conhecimentos avançados, é possível compor uma transparência gradual.

No **mapa especular**, outro recurso para personalizar uma textura é o brilho, que pode ser adicionado aos objetos, controlando-se o destaque. Já no **mapa de reflexão**, é possível configurar o que será refletido em torno do objeto ao qual será aplicada a textura. O **mapa de relevo** cria uma sensação de profundidade, como se fosse uma extrusão positiva, mas o faz de maneira suave. É indicado, portanto, para ser aplicado em tapetes.

Há, ainda, o **mapa de deslocamento**, que permite adicionar o tamanho real a uma superfície no momento da renderização; porém, essa função não tem muita utilidade em modelagens para animação.

A abertura de malhas pode ser considerada um processo contrário aos que foram apresentados até agora, pois é um método de transformar um objeto 3D em um 2D – ou seja, elabora a planificação de um objeto tridimensional.

Figura 5.4 – **Utilização de uma malha plana para elaborar a planificação de um objeto tridimensional**

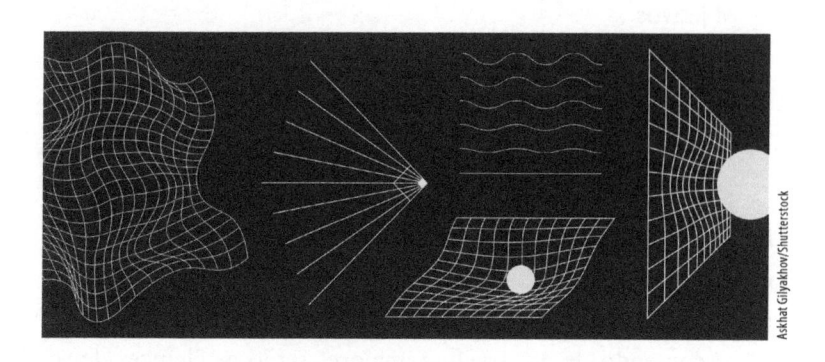

No *software* Maya, para executar o procedimento de abertura de malhas, seleciona-se a parte do objeto ou do personagem a ser planificada, e, em seguida, pressionar o botão direito do *mouse*, escolher a opção "Object Mode" e, por fim, abrir o editor de UVs. Dessa maneira, é criado um mapa de UVs. Então, clicando na opção UV e, na sequência, na opção "Planar", obtém-se resultado desejado.

Por se tratar de uma imagem em 3D, é necessário identificar o eixo a ser planificado. Para planificar uma imagem de frente, utiliza-se o eixo Z. Caso tenham sido desenvolvidos procedimentos ou configurações desnecessárias, existe, no *software* Maya, a opção de resetar (*menu* "Edit", opção "Reset").

Embora o *baking* de texturas e de mapas e a iluminação sejam processos finais da renderização, antes de iniciar quaisquer projetos de *render* e de design, deve-se providenciar o *briefing*. Tal documento que deve conter as seguintes informações:

- público-alvo;
- mercado;
- objetivos;
- posicionamento;
- concorrência;
- conceitos.

Servindo ao objetivo de definir o caminho a ser seguido, o briefing é utilizado para diagnosticar todas essas informações e, quando bem-elaborado, orienta o processo de criação de vários produtos de modo bastante eficiente. Logo, quanto mais detalhado for o conteúdo de um briefing, maiores serão as chances de se chegar ao resultado esperado.

> **Curiosidade**
> Durante a Segunda Guerra Mundial, os militares realizavam reuniões de estratégia momentos antes dos ataques para evitar que as informações vazassem para o lado inimigo. Essas reuniões eram designadas *briefing*.

O *briefing*, segundo Corrêa (2004), é um documento que reúne um conjunto de dados cujo objetivo é orientar a elaboração de um trabalho de propaganda, de promoção de vendas, de relações públicas, de produtos audiovisuais, de *design de games* etc. Antes de iniciar o desenvolvimento de um projeto, o *briefing* deve ser discutido por toda a equipe de trabalho; deve ser a primeira ação a ser tomada para o desenvolvimento de qualquer projeto, sempre amparado pelas informações prestadas por outras áreas, como o departamento de *marketing*, para se obter maior eficiência.

Outra medida relevante é elaborar pesquisa referencial a fim de facilitar o processo de concepção de um personagem, definindo seus aspectos físicos, sua personalidade e as texturas, os materiais e as cores a serem aplicados. Um personagem pode ser musculoso ou esbelto; pode andar com uma postura sempre ereta; pode caminhar alternando os braços; e pode ser mais despojado, como o personagem Tarzan. Tais características determinam como deverá ser animado.

Interessante

O filme *Tarzan* teve a supervisão de animação de Glen Keane, que estimulou os animadores a realizarem exercícios que explorassem as características previstas para o Tarzan. A equipe pesquisou soluções para a movimentação do personagem, fazendo-o se coçar, cheirar objetos e se locomover pelos troncos de árvores de forma engraçada. Juntos, os profissionais propuseram a coloração e a textura desses elementos.

Com base na pesquisa referencial, caso se perceba que o desenho do personagem não seja adequado às características previstas, deve ser modificado para facilitar e evidenciar os aspectos gestuais dele, bem como o processo de renderização da textura. A pesquisa referencial contribui para estruturar o personagem de modo que seja composto com formas básicas, de maneira que todos os animadores envolvidos sigam o mesmo padrão. Todas as informações técnicas, as características gestuais e o que mais for relevante são incluídos na padronização do guia visual da pré-produção e nas folhas de construção do personagem (*model sheet*).

Entre os objetivos dessa documentação, estão: evitar lacunas; sanar quaisquer dúvidas potenciais; e permitir a geração de um desenho esquemático dos personagens, incluindo suas cores e suas texturas. Com isso, é possível visualizar o personagem a partir de todas as perspectivas – de cima, de baixo, de todos os lados, em 360°. É importante salientar que os *softwares* de computação gráfica 3D dispõem de recursos de câmera, que permitem a visualização diretamente na tela do computador quando o animador recebe esses materiais, que incluem os *model sheets*. Em alguns casos, a pesquisa referencial inclui até mesmo esculturas físicas tridimensionais e esquemas esqueléticos em 3D.

SÍNTESE

Neste capítulo, demonstramos como otimizar o processo de renderização, especialmente nos processos de design e animação. Para isso, apresentamos o funcionamento de alguns *softwares*, como o Adobe Photoshop e o Adobe Illustrator.

Na sequência, enfocamos a produção de animações e o processo de adição de sons. Também salientamos a importância da elaboração de amostragens, bem como do uso de texturas e iluminação no processo de renderização a fim de conferir maior qualidade à animação.

Trodler/Shutterstock

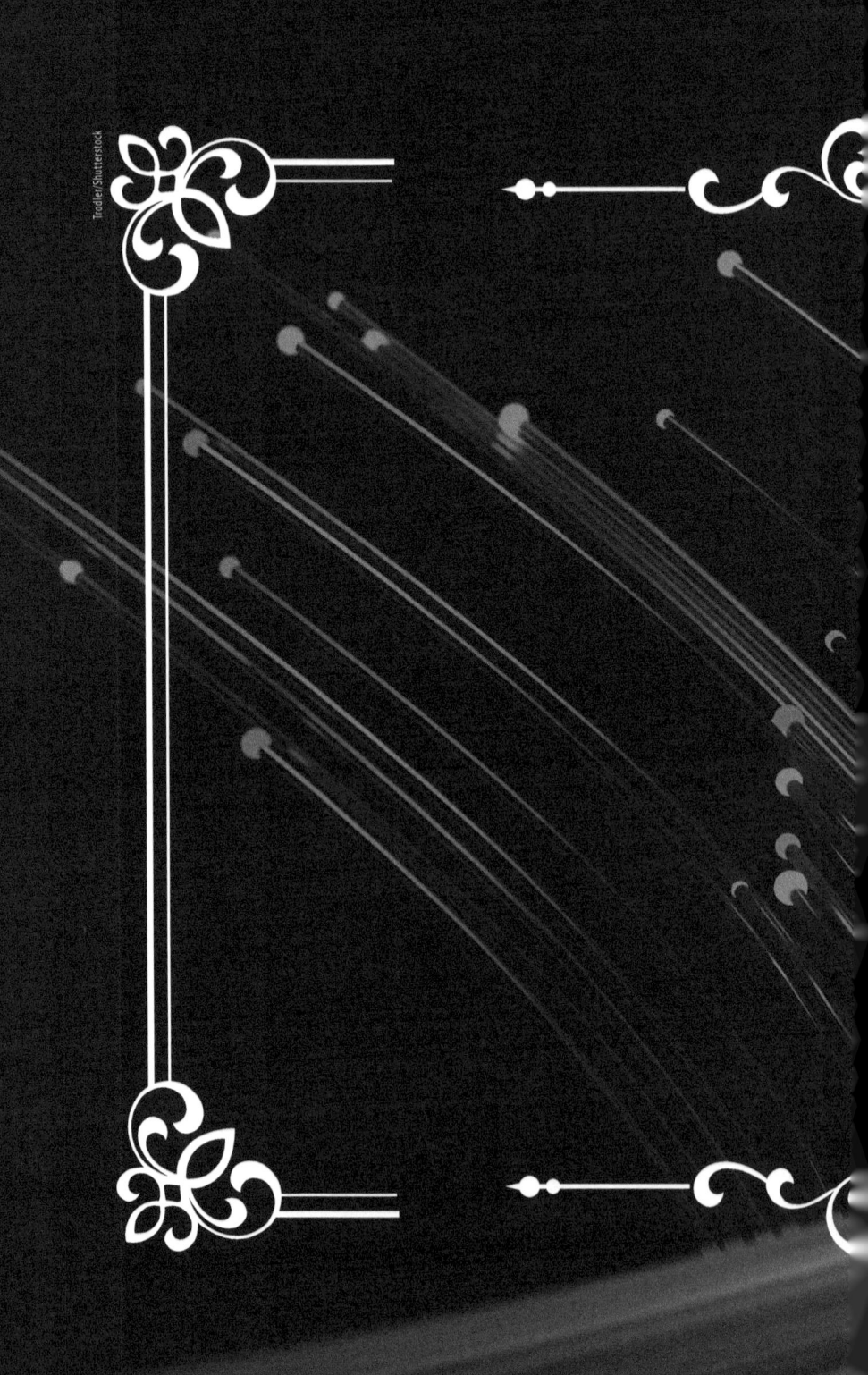

CAPÍTULO 6

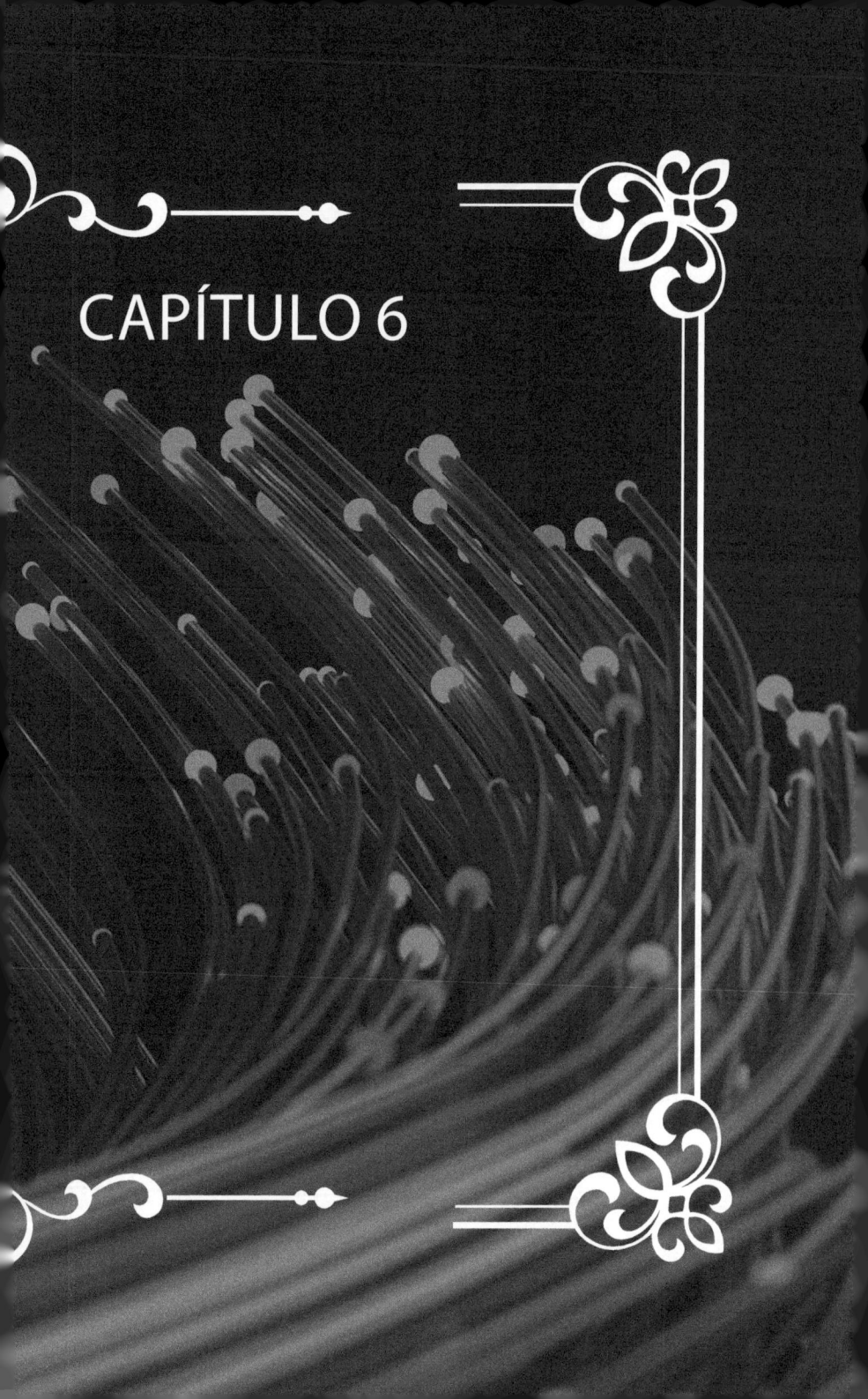

RECURSOS
TECNOLÓGICOS

Neste capítulo, versaremos sobre alguns recursos tecnológicos, programas de renderização, conceitos do uso de *render farms*, fundamentos para a preparação do *render* para pós-produção e para *compositing* (composição), uso de passes e separação de canais.

6.1 Programas de renderização

O mercado dispõe de vários programas de renderização, como o V-Ray, que tem tecnologia avançada para a finalização de projetos modelados em três dimensões. Trata-se de um *software* voltado a diversas áreas, como design de interiores, desenvolvimento de produtos, objetos de decoração, móveis e ambientes completos com qualidade realística, fotografia e projetos de animação. O V-Ray proporciona qualidade em perspectivas de fotorrealismo mediante configurações avançadas de iluminação e de mapeamento de texturas, sendo possível configurar vários parâmetros, como o da câmera.

Nas configurações das câmeras, o V-Ray possibilita criar diversos efeitos, como os de lentes. Ressaltamos, nesse ponto, que, para os profissionais que desejam se especializar na renderização, é recomendável se aprofundar na área de fotografia, pois as configurações das câmeras são bem similares às das câmeras de fotografia. No *menu* de configurações do "V-Ray Camera", nas opções "Standard Camera", existem as opções de "Expossure Value" e "White Balance", que facultam controlar os ajustes da exposição de luz de uma renderização.

Reiteramos que o resultado de uma renderização é uma imagem, ou seja, uma fotografia que resulta da modelagem de um desenho em três dimensões. Por essa razão, o V-Ray utiliza vários conceitos da fotografia, como o controle e o balanço do branco ou balanço das cores, nos quais estão relacionados às configurações executadas pelo fotógrafo na câmera fotográfica.

De maneira geral, os programas de renderização visam simular a iluminação o mais próximo possível de uma cena real. No *menu* "Câmera", há os controles "Depth of Field", relacionados à profundidade da imagem final da renderização, e "Effects", que são efeitos avançados de configurações dos ajustes de exposição de luz.

As configurações de iluminação são indispensáveis para que um *render* alcance parâmetros similares ao que a imagem representa na realidade. No V-Ray, por exemplo, os recursos de iluminação podem ser acessados no painel do "Asset Editor".

Igualmente aos demais parâmetros do "Asset Editor", clicando-se na seta à direita, são abertos os parâmetros adicionais dos recursos específicos: para adicionar iluminação artificial, primeiramente, deve-se executar a inserção de pontos de luz.

A ação é gerada por meio da barra de ferramentas denominada "V-Ray Lights", que disponibiliza vários tipos de luz, como Adjust Light Intensity, Mesh, Dome, IES, Omini, Spot, Sphere e Plane.

O primeiro passo para a inserção de pontos de luz é executar a seleção do tipo de iluminação pretendido; em seguida, escolher a localização em que será inserido; e, por fim, clicar com o mouse para a criação do ponto de luz. Nos parâmetros de iluminação estão dispostos os pontos de luz inseridos no projeto.

O V-Ray pode ser usado em vários programas de modelagem em 3D; o SketchUp um exemplo, cuja aplicação de material pode ser feita de várias maneiras. O modo de aplicar é bem simples: basta selecionar o objeto e, na sequência, executar a abertura da barra de ferramentas "Asset Editor", logicamente a que está localizada no painel de ferramentas V-Ray para SketchUp. Depois de abrir, basta verificar o primeiro ícone, que normalmente se refere aos materiais.

Na aplicação de determinados materiais da biblioteca do SketchUp, deve-se clicar na seta à esquerda do "V-Ray Asset Editor", que disponibiliza diversos tipos de materiais, os quais são organizados por categorias – por exemplo, madeiras, carpetes, tecidos etc. Ao se aplicar corretamente a iluminação aliando arquivos de textura com qualidade, fica mais fácil alcançar resultados de renderização satisfatórios.

Com relação às texturas, o V-Ray oferece uma biblioteca com os próprios materiais – ao abrir, vários materiais já podem ser utilizados nos projetos. Após a escolha, basta clicar com o botão direito do *mouse* e escolher a opção.

"Add to Scene" é uma função que possibilita acrescentar o material à "Material List", ficando disponível para aplicação; nesse caso, deve-se clicar com o botão direito do *mouse* e escolher a opção "Application Material to Selection".

É possível a aplicação das propriedades reais dos objetos nos modelos digitais em 3D, mediante a aplicação de diversos materiais, como vidros, metais e espelhos.

O V-Ray instalado no SketchUp transforma os modelos desenvolvidos em 3D em objetos mais aprimorados, por meio de diversos cálculos para criar imagens de projetos de design de interiores, cenários digitais, entre outros projetos. A interface do V-Ray é aberta na mesma janela do SketchUp, e é composta de duas partes principais: (1) o "V-Ray Asset Editor", em que são executadas as configurações; e (2) o "V-Ray Frame Buffer", em que são visualizadas as imagens renderizadas.

Depois de instalado o V-Ray no SketchUp, para abrir as barras de ferramentas para acessar a interface do programa, faz-se acesso no *menu*: "Extensões" > "V-Ray". Ali, ficam disponíveis diversas ferramentas para utilização; e na janela "V-Ray", encontram-se as opções para acessar os diversos *menus* do programa. Na verdade, o V-Ray é um programa instalado no SketchUp, com as seguintes opções:

- V-Ray Render and Options;
- V-Ray Lights;
- V-Ray Objects;
- Export and Tools;
- Help (Ajuda).

Além de conhecer os programas, é importante ter noção dos conceitos preliminares de renderização para garantir que o projeto apresente características de uma imagem similar da realidade. Assim, todos os materiais e configurações de iluminação são aplicados, e, no final, é gerada uma imagem. O processo de renderização geralmente é executado mediante cinco procedimentos nos *softwares* de modelagens em 3D, os quais não necessariamente precisam obedecer a esta sequência:

1. **Carregamento do arquivo:** processo de abrir a cena do Sketchup no *software* V-Ray.
2. **Manipulação de câmera:** tarefa de ajustar a posição da câmera no programa de modelagem para gerar a cena com correção.
3. **Configuração de iluminação:** ajustes de posicionamento de luzes e das configurações de iluminação.
4. **Aplicação de materiais:** configuração de materiais como textura, cor, transparência e reflexo.
5. **Matização e pós-produção:** ajustes da imagem renderizada após finalizada.

À medida que se adquire experiência no uso do *software*, as etapas discriminadas anteriormente são executadas de forma natural, sem a obrigatoriedade de seguir a ordem apresentada; aliás, em muitos casos são aplicados os materiais antes mesmo de se configurar a iluminação. Um método para adicionar materiais no programa SketchUp é usar a bandeja padrão de materiais, disponível no *menu* "Bandeja padrão" > "Materiais".

Figura 6.1 – **Aplicação de material de tijolinho em uma parede**

Para adicionar uma superfície, como uma parede (Figura 6.1), deve-se selecionar o material, no caso observado a textura de tijolinho, e depois aplicá-la na superfície propriamente dita. Alertamos que, no SketchUp, quando se trata de um componente ou objeto agrupado, é preciso clicar duas vezes no componente ou objeto para permitir seu acesso para aplicação de materiais.

Para a conferência de que a face da superfície está selecionada corretamente, após efetuado o procedimento de clicar duas vezes, a malha poligonal do objeto selecionado apresenta destaques identificados por linhas e pontos na cor azul. Terminado esse procedimento, seleciona-se o material e se faz a aplicação na parede, por exemplo. Podem ser aplicadas cores e texturas em tecidos e carpetes que simulam outros materiais. A escolha correta de material fica evidenciada, principalmente, no processo de renderização, pois renderizadores como V-Ray coletam essas informações para simular as características do objeto real. Além do V-Ray, existem outros *softwares* de renderização, como:

- Lumion.
- Twinmotion.
- Corona.
- Enscape.
- Mentalray.
- Kerkythea.

Cada *software* de renderização tem sua finalidade e, de acordo com cada projeto, é indicado seu uso. Daí a necessidade de pesquisar qual é o mais indicado para o tipo de renderização que se pretende obter.

6.2 O uso de *render farms*

Render farm é um cluster de computadores, ou seja, um conjunto de computadores de alta *performance*. Em uma tradução direta para o português, seria uma fazenda de renderização, cuja função é executar a renderização de projetos. Para os profissionais que não têm equipamentos adequados, ou em projetos complexos, pode-se utilizar os recursos de empresas que disponibilizam esse serviço de renderização usando sua estrutura computacional. Não se restringe à renderização complexa de modelagens e animações, podendo também ser aplicada a vídeos e a pequenos projetos. Como os computadores ficam interligados, é multiplicada a capacidade de processamento da renderização.

Figura 6.2 – *Render farm*: **conjunto de computadores de alta** *performance*

Para utilizar os serviços de uma render farm, é necessário enviar os arquivos, como as texturas e as configurações de iluminação, podendo-se utilizar serviços de discos virtuais ou soluções personalizadas fornecidas por cada empresa. Nesse sentido, os serviços terceirizados oferecem o processamento do *render* em nuvem (*on-line*) como opção para quem não tem a capacidade computacional exigida pelo processo.

Na indústria do cinema e da animação, normalmente o *cluster* é denominado *fazenda de renderização*, ao passo que técnicos de gerenciamento de rede geralmente aplicam o termo *sistemas de computação em cluster*. Já os especialistas da indústria costumam utilizar a nomenclatura *farm de renderização*. Independentemente da designação, fato é que, cada vez mais, se nota a necessidade de maior qualidade nos projetos de computação gráfica, cuja finalização ocorre mediante renderização, sendo crescente a demanda para esse tipo de serviço.

A qualidade da renderização com alto grau de realismo, consequentemente, demanda maior tempo para o processo, tornando a etapa mais demorada nos projetos de computação gráfica em 3D, como modelagens e animações. Vale lembrar que a velocidade de renderização está intimamente relacionada à produção de arquivos e ao *hardware* do computador: quanto maior o arquivo ou mais efeitos especiais forem aplicados em uma renderização, mais lenta será a renderização.

O *hardware* do computador pode aumentar ligeiramente a velocidade com algumas configurações. Também é possível otimizar o arquivo de produção ou usar outras ferramentas para acelerar renderização. No filme *Toy Story 4* (2019), a Pixar usou um *software* de redução de ruído, diminuindo, assim, o tempo de renderização pela metade.

Na renderização de uma imagem estática com uma resolução de 6000 × 4500, o tempo de renderização de um computador pessoal pode ser de cerca de 6 a 10 horas; recorrendo-se a uma *farm* de renderização, esse tempo pode ser reduzido para apenas 1 ou 2 horas, ou até menos. Em alguns casos, quando ocorrem travamentos, quedas de energia ou erros quaisquer durante a renderização por longo tempo, quando se está utilizando um computador pessoal, o tempo já empenhado pode ser desperdiçado. Na *farm* de renderização, o processo é muito mais rápido porque, quando um arquivo é recebido, o sistema atribui uma tarefa a vários servidores para que trabalhem ao mesmo tempo. Uma renderização executada por 10 ou 100 máquinas é naturalmente muito mais rápida do que se realizada em apenas um computador.

Em *softwares* como 3D Max, na pasta "Autodesk" no *menu* iniciar, há uma ferramenta denominada "Backburner", que executa o gerenciamento das máquinas de *render*, obviamente se fizerem parte da mesma rede. Eis alguns exemplos de render *farms*:

- Rebus Farm;
- The Ranch Computing;
- Render Core;
- RenderFARM 3D (brasileiro).

Além de saber das empresas que prestam esse tipo de serviço, é importante conhecer os tipos de renderizadores. Por exemplo, para projetos de renderização estática, existe a categoria que calcula a iluminação da imagem inteira, sem a necessidade de efetuar a interpolação. Dessa forma, é gerada uma imagem de alta qualidade e extremamente realista, fornecida pelos denominados *unbiased renderizadores*, cujos principais representantes são o Maxwell e o Indigo. Contudo, leva horas para executar esse cálculo, ou seja, para executar o processo de renderização. Novamente, é recomendável recorrer aos serviços das *render farms*, visto que têm compatibilidade com os principais programas de modelagem, como:

- V-Ray;
- Mentalray;
- Maxwell;
- Indigo;
- 3D Max;
- Maya;
- Cinema 4D;
- Softimage;
- MODO;
- Lightwave;
- Blender;
- Vue.
-

Ademais, esses programas dispõem de *plugins*: com a cena pronta, basta utilizar o *plugin*, que a compacta, reunindo todos os arquivos necessários para o envio para a renderização. Então, o processo é finalizado e uma notificação é enviada informando que a renderização foi finalizada, sendo um processo rápido e fácil, dispensando sair do programa para executar tais procedimentos.

6.3 Preparação do *render* para pós-produção

A preparação de animação, modelagem, texturização e *render* abrange inúmeras decisões que antecedem o desenvolvimento propriamente dito, até mesmo no momento da fase conceitual, para que se obtenha a aprovação para iniciar o trabalho. Em alguns casos, uma equipe de suporte é constituída para envolver todo o estúdio, viabilizar a produção e articular a fase do desenvolvimento.

A etapa criativa de modelagem e texturização nos grandes projetos é iniciada pela equipe de produção, que inclui os artistas da concepção visual, diretores de arte, produtores e roteiristas, e os equipamentos e recursos necessários para a modelagem, a animação 3D e a renderização, além dos *softwares* a serem utilizados. Em grandes produções, geralmente nessa etapa, as áreas envolvidas no projeto participam de palestras que envolvem tema do projeto, modelagem, texturização, animação e, consequentemente, o *render* a ser produzido.

Em casos específicos, a área criativa, especialmente os animadores, recebem qualificação de instrutores para para compreenderem bem o projeto. Por exemplo, para o filme *Spirit, o indomável* (2021), na etapa de pré-produção, a empresa produtora contratou especialistas em anatomia de cavalos para explicar como os animadores deveriam fazer os movimentos, com o objetivo de que a animação e a renderização fossem o mais fiel possível ao comportamento real dos animais. Essas informações serviam como base para as configurações de modelagem, texturização, animação e renderização dos *softwares* de desenvolvimento de animação digital.

> **Importante!**
> É na pré-produção que se elabora a pesquisa e se procede à tomada de decisão quanto à necessidade de *softwares* específicos para viabilizar o projeto, usando-se a tecnologia a favor dos resultados.

A linguagem da animação é definida pelos artistas conceituais e delineia os estilos a serem adotados no projeto, utilizando-se as referências do roteiro. isso confere uniformidade à toda a animação, facilitando o entendimento da narrativa. Nesse momento, são planejadas as locações da história, o cenário e suas renderizações. Sem esse direcionamento , no decorrer do projeto, podem ser feitas escolhas muito contrastantes na linguagem, como desenhos de caricaturas com cenários extremamente realísticos no momento da renderização, algo que não é possível de solucionar na pós-produção.

Definidas as informações da etapa conceitual do projeto de criação da animação, a tarefa seguinte diz respeito ao roteiro. A história é elaborada com base no esboço de cada cena, que determina o conceito principal dos personagens, suas ações e perfil, o conteúdo discursivo etc. No roteiro, determinam-se o andamento da história e seu desfecho. Tendo essas decisões tomadas, passa-se para a próxima etapa, a produção dos primeiros *storyboards* da modelagem e animação. E somente na etapa final, inicia-se o processo de renderização e a preparação para a pós-produção.

Com os primeiros esboços dos *storyboards* prontos, o roteiro torna-se mais técnico e minucioso. O roteirista pode solicitar ao desenhista do *storyboard* algum detalhamento ou aprimorar algo caso considere necessário. Assim, os profissionais de roteiro e *storyboard* dão suporte um ao outro, estabelecendo harmonia entre imagem e texto, com o objetivo de desenvolver uma modelagem, a animação e, posteriormente, uma renderização que garanta os resultados pretendidos.

O roteiro pode estar aprovado para o desenvolvimento, mas ainda não encerrado, estando sujeito a alterações na etapa seguinte, denominada *pré-produção*. A relevância da etapa criativa reside no fato de fornecer subsídios como a ideia visual dos cenários, objetos e personagens para iniciar a produção propriamente dita da modelagem, texturização e animação, encerrando-se na renderização e na pós-produção. É nessa etapa do processo da modelagem e animação que o produtor, com base nas definições de tecnologia e estilos que serão incorporados ao projeto, estabelece todas as entregas, desde os departamentos administrativos até os criativos, nos quais são estabelecidas metas para finalização de cada etapa. Para facilitar esse processo, são delegadas partes específicas e definidos prazos para cada animador.

As semanas iniciais normalmente são dedicadas à adaptação dos animadores à linguagem visual do projeto e à concepção dos personagens, cumprindo-se as datas de entrega estabelecidas. A animação contempla simultaneamente várias maneiras de expressão, como ilustração, desenho, artes gráficas, pintura e cinema, forjando uma linguagem própria.

Compete à direção de arte e estilo visual orientar sobre como retratar a história e os personagens. Além disso, aspectos extremamente técnicos são definidos na etapa.

As gamas de cores são aplicadas na animação – as *key colors* (cores-chave); e cada variação de cena é configurada posteriormente na renderização e na pós-produção. Por meio dessas paletas de cores, criam-se referências dos estilos de cor, as quais são aplicadas também ao personagem. As cores devem variar de acordo com a iluminação de cena; por exemplo, variam de um dia de chuva para um dia nublado e de uma cena à noite para outra de dia etc. A coloração das paisagens das cenas externas e das cenas internas deve ter o aval do diretor de arte; depois, pode-se configurá-las minuciosamente na renderização.

Com todas essas definições, constrói-se uma orientação visual, conhecida como *visual style guide* (guia de estilo visual); se necessário, os desenhos de personagens são aprimorados por profissionais específicos de concepção de personagens. A função principal desse guia é orientar todas as etapas do desenvolvimento da animação; para isso, são confeccionados vários modelos de desenhos em folhas de papel, conhecidos como *model sheets*, para unificar os estilos dos principais personagens, cenários e objetos.

Os *model sheets*, na maioria das vezes, mostram o personagem visto de vários ângulos, como frontal, três quartos, perfil e de costas. Se necessário, pode-se comparar tamanho e pose com informações mais minuciosas da concepção do estilo e forma do personagem.

Contudo, esse instrumento não é utilizado apenas para os personagens, mas também para acessórios ou objetos utilizados na cena, que podem ser veículos, móveis, armas etc. Para detalhar o modelo, são confeccionadas mais folhas de desenho a fim de se facilitar o entendimento de como o personagem se portará em diferentes situações. Por exemplo, podem mostrar as expressões de rosto, que enfatizam e revelam traços do estado emocional e a personalidade dele, ou conter uma sequência mostrando como ele anda para evidenciar suas características de movimento.

Figura 6.3 – **Exemplo de model sheet**

Makarov Konstantin/Shutterstock

O profissional responsável pelo estilo visual dos cenários é o desenhista de produção. Nessa função, os *model sheets* incluem uma planta mais técnica, como a vista do cenário do alto, que situa o limite dos movimentos dos personagens e define detalhes dos desenhos externos e internos, como de uma casa.

Também é importante conhecer a técnica chamada *quadro a quadro*. Na animação, a ação precisa ser construída por meio do posicionamento do personagem quadro a quadro da figura; com base nisso é que o animador elabora a atuação de seu personagem – como não trabalha com atores reais, o animador pode usar sua criatividade da maneira que achar melhor.

Outra etapa importante para a preparação da animação é a do *storyboard* – o roteiro traduzido visualmente. Trata-se do resultado de todo o trabalho planejado e executado nas etapas anteriores, principalmente a criativa e de estilo visual. Esboços e rascunhos das etapas precedentes fundamentam a produção do *storyboard*. Eles são representados em painéis sequenciais, como em uma página de história em quadrinhos. Também é preciso pensar de uma forma visual os enquadramentos, as ações principais dos personagens e sua interação com o cenário, acessórios e objetos, por exemplo.

Com o roteiro definido, o desenvolvimento do *storyboard* não precisa seguir a ordem cronológica da narrativa. A primeira sequência não precisa corresponder à cena inicial: o ideal é compor a sequência mais representativa do personagem.

Um exemplo de referências de filmes é a primeira versão, de 1994, do filme O *Rei Leão* (*The Lion King*), cuja primeira cena desenvolvida foi a da aparição do fantasma do pai, Mufasa. A intenção dos diretores de iniciar o projeto com essa cena era cativar a equipe, fazendo-a se envolver com a história dos personagens, especialmente o protagonista. A repercussão desse primeiro *storyboard* serviu como orientação para o desenvolvimento das demais cenas.

Diferentemente de um projeto de um livro ilustrado, em que o estímulo principal é o texto (as ilustrações são suportes), um projeto de animação com renderização inicia-se com um roteiro preliminar, mas o estímulo principal é visual. Então, é com base nas primeiras ideias do roteiro traduzidas em um storyboard que os diretores constroem e delimitam as cenas e sequências da animação..

Para separar as cenas da narrativa, os diretores levam em conta aspectos técnicos, como o horário do dia em que se passa a sequência (de madrugada, de manhã, à tarde ou à noite) e como estão descritos no roteiro os diversos ambientes do cenário. Essas são informações essenciais para a configuração da iluminação para renderização. Os profissionais que trabalham com animação podem se especializar em diversas áreas, sendo uma delas o desenvolvimento de *storyboards*. Aqueles que optam por se especializar nesse nicho são conhecidos como *story sketch artists*.

Depois determinadas as sequências, nos grandes projetos, os *story sketch artists* definem os métodos de trabalho, reunindo-se no *storyroom* (sala de história), com o objetivo de criar e desenvolver ideias. Nessa reunião, conhecida como *brainstorming*, a equipe elabora sugestões sobre os personagens com relação a seu comportamento, conversas e atitudes, procurando sempre estimular a participação de todos na proposição de ideias. Em posse dessas informações, o roteirista aprimora o roteiro e os *story sketch artists*, com esses dados, desenham os painéis para ilustrar as sequências. Depois desse primeiro processo, o roteirista revisa a história, com as cenas já separadas, para iniciar o processo de desenvolvimento do *storyboard*.

Uma das funções do *storyboard*, por conter uma série de imagens fixas de forma contínua, é contar como se encandeará a história, como ela deverá fluir e se desenvolver . Esse instrumento permite visualizar esses detalhes e fazer a decupagem das principais ações dos personagens, situando-os nos cenários com os objetos.

Curiosidade

Segundo o ***Dicionário teórico e crítico de cinema***, de Jacques Aumont e Michel Marie (2020), a decupagem é o último estágio do planejamento do filme, em que todas as indicações técnicas, como posição e movimento de câmera, lente a ser utilizada, personagens e partes do cenário que estão em quadro, são colocadas no papel para organizar e facilitar o trabalho da equipe. Sendo uma etapa bem trabalhosa, geralmente esse trabalho é executado por estagiários e profissionais iniciantes, mas é um momento de grande aprendizado nos projetos que futuramente serão renderizados.

Concluído o *storyboard* principal, é necessário compor todas as cenas da animação. Nessa fase, todos os esboços dos painéis são colocados em sequência linear das cenas em uma grade ou em um grande quadro para serem visualizados pela equipe de produção.

Os desenhistas fazem a apresentação conhecida como *pitching*, principalmente para os produtores, diretores e equipe principal de roteiro. Nesse momento, são feitas revisões e sugestões a serem implantadas em novas versões do *storyboard*.

Após a apresentação da ideia conceitual, passa-se à busca de um resultado prático de todas as etapas anteriores. Essa etapa é conhecida como *storyboard pitch*, pois o desenhista que está trabalhando na sequência da cena recebe e interpreta o roteiro. Na apresentação, pode ocorrer de interpretarem as vozes dos personagens, a fim de indicar a melhor maneira para o ritmo da animação. Nessa apresentação, os painéis ainda são *sketches*, esboços das ações dos personagens, com o enquadramento somente necessário para mostrar os ângulos da sequência da história, sem rigor minucioso e técnico.

Figura 6.4 – **Exemplo de *sketches***

Aplicadas as alterações apontadas, faz-se a apresentação final dos painéis com um *storyboard* mais minucioso. Além da equipe principal de modelagem, animação e renderização, o editor também participa dessa reunião. Define-se, então, o ritmo da animação: se terá efeitos especiais a serem renderizados; a intercalação de uma cena com a outra, com *fades*, fusões etc. Os movimentos da câmera também são definidos e, posteriormente, aprovados pela produção executiva, dando início à etapa de modelagem, texturização, animação e preparação do *render* para pós-produção.

Depois do desenvolvimento dos *storyboards*, é iniciada uma etapa mais técnica para o animador: o treinamento até aperfeiçoar as atitudes, posturas e posições essenciais do personagem. Então, inicia-se a aplicação do diálogo dos personagens. Nessa fase, são contemplados os mínimos detalhes, como a expressão facial quando o personagem pronuncia uma sílaba tônica e elementos da trilha sonora. Trata-se de uma etapa extremamente técnica, configurando-se como uma fase de testes em que são desenvolvidos vários esboços para se obter a maior naturalidade na expressão dos personagens no momento que estão conversando, principalmente no que se refere à sincronia do som. O processo é conhecido como *thumbnails* – pequenos estudos de poses desenhados em tamanhos pequenos.

Outra fase muito importante é a *animatic*, quando se assiste pela primeira vez aos cortes e aos efeitos na mudança de uma cena para outra, sendo propício para verificar se o tempo estimado está em conformidade com a sincronização do som e se o ritmo está de acordo com o que foi planejado, antes de executar os processos complexos e demorados de renderização. Em outras palavras, é como uma matéria-prima bruta que será burilada posteriormente.

Essa etapa, inicialmente conhecida como *story reel*, surgiu quando as primeiras trilhas sonoras foram introduzidas na animação com desenho. É ideal para a visualização prévia de uma cena nas primeiras animações, sem os recursos dos *softwares* 3D.

Visualizando o *animatic*, tanto o animador que elaborou o *storyboard* quanto o roteirista conseguem constatar se as ideias estão funcionando ou se precisam ser aprimoradas, adicionando ou removendo o tempo de exposição da cena. Nessa etapa, o animador também pode assistir em tempo real como serão as sequências a serem animadas e se estão funcionando de forma contínua com as cenas anterior e posterior. Terminando essa fase, caso o *animatic* seja aprovado, pode ser iniciado o projeto, ou podem-se solicitar alterações.

Mesmo que a produção do *animatic* dependa do trabalho de um editor de filme com significativo volume de trabalho, ela representa redução de custos, pois impede que uma sequência seja animada e renderizada sem ser aprovada.

Animatic é uma etapa fundamental para sanar quaisquer dúvidas sobre as cenas e a animação como um todo, proporcionando melhora na qualidade do projeto. Nos grandes projetos, normalmente são cumpridas as etapas aqui mencionadas para a modelagem, antes do envio para animação, texturização e renderização, mas, dependendo de cada produtora, adota-se uma maneira de trabalhar para cada projeto.

6.4 **Compositing** (composição)

Compositing é o termo que se refere à composição em um fluxo de trabalho. Geralmente, corresponde ao processo de renderizar a cena em um conjunto de elementos individuais de forma que possa ser facilmente reunida em um aplicativo de composição como o After Effects. Um de seus benefícios é oferecer mais flexibilidade para fazer ajustes nas imagens após a renderização. Primeiramente, é necessário configurar a renderização, que pode dividir a cena em camadas e coleções que podem ser renderizadas ou substituídas por uma série de sobreposições de propriedades. Esse sistema é rápido, confiável e extremamente útil para renderizar várias interações de uma cena ou várias passagens para composição. Os tipos de substituições que podem ser criados incluem sombreados e, até mesmo, atributos específicos de objetos. Utilizando-se o *software* Maya para aplicar esse fundamento, por exemplo, a primeira etapa é criar uma nova camada de configuração de renderização.

Para tanto, basta selecionar a janela de "Configuração de renderização", depois a seção "Editor de propriedades" e, em seguida, uma seção da lista de camadas. A última seção tem um ícone para criar uma nova camada; ao clicar nele, uma nova camada aparece na lista; em seguida, basta clicar duas vezes em renomear, ao lado da camada. É importante salientar que cada camada pode conter uma ou mais coleções; cada coleção pode ser controlada independentemente, permitindo que sejam empilhadas. Para criar uma coleção, basta clicar com o botão direito do *mouse* na camada e selecionar "Criar coleção". Essa coleção será um recipiente para um conjunto de objetos aos quais serão associadas; depois, é necessário adicionar objetos à coleção. Para isso, basta arrastar e soltar objetos do *outliner* para a seção "Incluir", do "Editor de propriedades".

Em qualquer cena, especialmente nas mais complexas, a probabilidade de haver várias coleções é muito grande. Cada coleção na lista é seguida por alguns ícones que permitem isolar cada coleção, sendo comum em diversos *softwares*.

Vale assinalar que as substituições são uma das partes mais importantes do fluxo de trabalho da configuração de renderização no Maya, por permitir a substituição de diversos atributos e, até mesmo, de sombreados inteiros em objetos, sendo útil ao configurar uma série de *passes* de renderização para composição posterior.

Uma das substituições que podem ser executadas é a de *shader*. Para executar esse procedimento, primeiro é preciso criar uma coleção de todos os objetos que se deseja sobrescrever no sombreado; em seguida, deve-se clicar com o botão direito do *mouse* na coleção e criar um "Shader Override". No "Editor de propriedades", deve-se clicar na caixa de seleção ao lado do *slot* "Substituir Shader". Esse processo permite especificar e personalizar o sombreado de substituição indicado para criar algo como um passo de profundidade.

A substituição de atributo de sombreado é semelhante à etapa anterior, mas há momentos em que é necessário substituir o sombreado inteiro. Para executar esse procedimento a partir do delineador, basta arrastar e soltar os materiais no "Editor de propriedades de configuração de renderização". Logo abaixo, aparece uma lista suspensa denominada "Adicionar substituição". Basta selecionar "Absoluto" e, em seguida, arrastar qualquer atributo que se deseje substituir do "Editor de atributos para o editor de propriedades". Fica disponível, ainda, a substituição relativa e absoluta, na qual se controla como a substituição afeta o atributo que se está substituindo.

Quando se adota a substituição relativa, o ajuste de substituição fornece uma mudança relativa para qualquer valor atual dos atributos; alternativamente, uma substituição absoluta ignora completamente o valor dos atributos e o substitui. O uso de cada tipo depende de suas circunstâncias.

Salientamos que as camadas de configuração de renderização podem ser renderizadas individualmente ou em lote, e posteriormente podem ser importadas para um *software* de composição compatível. No Maya, as configurações de renderização podem ser exportadas e importadas usando-se o formato .json, sendo uma boa opção caso se esteja trabalhando em um contexto de equipe ou haja um fluxo de trabalho rápido em vários projetos.

6.5 O uso de *passes* e de separação de canais

O resultado de uma animação é produzido renderizando-se mais de uma camada ou passagem (*passes*, em inglês), o que inclui as imagens e todas as informações que compõem a cena ou partes do projeto audiovisual. *Passes* também podem ser definidos como a divisão de uma cena conforme seus diferentes aspectos que podem ser diversos, como:

- realces;
- *mattes*;
- sombras.

Com o objetivo de aplicar as opções de renderização específicas, os *passes* podem ser compostos durante a pós-produção, situação em que o padrão inclui todos os objetos na cena. Também podem ser personalizados, definindo-se quaisquer objetos que se deseje afetar pelas propriedades de renderização específicas; no *software* Blender, essa função é denominada "Render Pass", que é um subconjunto de "Render Layers" o qual permite a separação de diferentes aspectos da cena, como sombras, brilhos ou reflexos. Em imagens separadas, os aspectos do Blender são definidos, entre outros, como:

- Diffuse/Beauty Pass;
- Specular/Highlight Pass;
- Reflection Pass;
- Matte Pass;
- Shadow Pass;
- Effects Pass;
- Depth Pass;

Cada um desses aspectos pode ser manipulado de forma isolada antes de composto na imagem final. O Blender também dispõe do recurso "Render Pass Ambient Occlusion", considerado um cálculo bastante sofisticado de *raytracing*, no qual são simuladas sombras suaves da função denominada "Global Illumination". Trata-se de uma iluminação global não direta de cima para baixo, a qual simula que os objetos presentes na cena são iluminados por uma luz suave e difusa, sem ponto de origem e direção. O cálculo é executado por meio da proximidade, das formas e das orientação dos objetos. Também se afere como estes bloqueiam, ou seja, ocluem a luz – quanto mais próximo um objeto estiver de seus vizinhos, maior será a quantidade de luz bloqueada; e quanto mais longe o objeto estiver de seus vizinhos, menor será a quantidade de luz bloqueada.

No Blender, os *passes* de renderização são necessários por causa dos diferentes elementos que o renderizador precisa calcular para fornecer a imagem final. Isso significa que, em cada *pass* ou passagem, o motor calcula diferentes interações entre os objetos.

Tudo o que pode ser visualizado em uma renderização deve ser calculado para a imagem final. Entre esses elementos, figuram:

- interações entre objetos de uma cena;
- iluminação;
- câmeras;
- imagens de fundo (*background*);
- configurações de mundo.

Cada um dos elementos precisa ser calculado separadamente em *passes* (passagens) por vários motivos, como o cálculo de sombras; em uma renderização, cada *pixel* é calculado várias vezes.

> **Preste atenção!**
> Para garantir que seja mostrada a cor certa em determinada porção da imagem, há vários elementos que são calculados em uma renderização padrão: onde serão projetadas as sombras, como a luz ambiente será bloqueada por objetos na cena etc.

Também é levado em consideração como a luz é refletida em superfícies espelhadas, como as sombras e as linhas são calculadas, exceto no momento em que se originam da câmera e ricocheteiam em superfícies espelhadas. Quando essas linhas atingem um objeto, o mecanismo calcula que é isso que a câmera deve ver, além de elementos como o fato de a luz ser curvada, ou seja, refratada ao passar por objetos transparentes, prevendo suas condições (se irá direto ou dobrará) e sua profundidade no objeto.

Quais objetos designados estão na cena e qual é seu contorno, e se ele deve parecer desfocado ou aparecer com um foco nítido são outros elementos que devem ser considerados. Isso pode ocorrer em virtude da velocidade – o quão rápido ou lento algo está se movendo – ou pela taxa de quadros. O objeto também pode estar lento o suficiente para ainda ser focado corretamente em determinada distância da câmera, considerando-se a profundidade do eixo Z.

Portanto, diversos cálculos são executados: se as superfícies dos objetos são vistas ou bloqueadas pela geometria de outro objeto – por exemplo, se um objeto tem um vetor normal (mapa de relevo) ou se as sombras e a geometria aparente precisam ser calculadas para algum objeto. Se houver alguma especularidade, leva-se em consideração se os objetos com texturas como o metal têm algum brilho. Tais definições resultam na imagem ou no mapa que fornece informações para renderização. No Blender, cada "Render Pass" exibe uma imagem ou um mapa. Quando um nó de entrada "Render Layer" é adicionado ao diagrama de nó e o nó "Render Layer" é subsequentemente associado à "Camada de renderização", todas as saídas da camada aparecem como pontos de conexão no lado direito, ou seja, na saída do nó.

Os *passes* de renderização que produzem imagens podem ser vistos diretamente em um visualizador ou, se forem os únicos *passes* renderizados, salvos como a imagem renderizada. Caso esteja ativado, ele pode ser salvo em um formato OpenEXR multicamadas; porém, caso a saída "Render Pass" não seja uma imagem, mas um mapa, ela precisa ser traduzida como algo que se possa ver, por exemplo: um mapa de profundidade Z é uma matriz de valores que especifica a que distância da câmera cada *pixel* está. Os valores variam entre +/- 3.000.000 unidades do Blender ou mais. O nó intermediário está entre o soquete de saída da "Camada de renderização" e o soquete de entrada no nó do visualizador, como o valor do mapa no qual se executa essa conversão ou escala. Ao se utilizar esse tipo específico de nó de tradução para obter bons resultados, busca-se operar nesse mapa uma imagem; assim, depois de fazer quaisquer ajustes, executa-se o mapa de volta por meio desse nó para redimensioná-lo ao original antes de salvá-lo.

Passes de renderização são as várias saídas distintas que o renderizador é capaz de gerar. Algumas das saídas de renderização são combinadas em uma única saída, conhecida como *saída combinada*. Também permitem selecionar quaisquer um deles para a saída como uma passagem separada: caso seja executado esse procedimento, é recomendado escolher se se deseja também continuar a inclui-lo na saída combinada. Deve-se estar atento ao fato de que algumas dessas saídas devem ser ativadas e usadas na cena, e não apenas selecionadas no painel "Camada de renderização", por exemplo. Caso não haja luz alguma em uma cena, ou essa luz tenha sido configurada para não projetar sombras, ou os objetos sob os holofotes não tenham materiais configurados para receber sombras, o shadow pass ficará em branco – afinal, simplesmente não há nada para mostrar. Caso não esteja habilitado o "Ambient Occlusion" nas configurações do ambiente *sem itálico* o passe fica em branco.

No Blender, existem alguns parâmetros importantes, como os destacados a seguir:

- **Combinado**: renderiza tudo na imagem, mesmo que não seja necessário; são todas as opções combinadas em uma única saída, exceto as opções indicadas, que informam o que deve ser omitido nesse passe, conforme indicado no botão da câmera.
- **Z**: o mapa de profundidade Z refere-se à distância de cada *pixel* da câmera, usado para profundidade de campo. O mapa de profundidade é linear e inverso.
- **Vetor**: trata-se da direção e da velocidade que os elementos estão se movendo.
- **Normal**: calcula a iluminação e a geometria aparente para um mapa de relevo, ou seja, uma imagem que é usada para simular detalhes em um objeto; ou altera a direção aparente da luz incidindo sobre um objeto.
- **UV**: permite a texturização após a renderização.
- **Índice de objeto**: mascara os objetos selecionados.
- **Cor**: refere-se à cor dos materiais sem sombreamento.
- **Difuso**: o sombreamento difuso dos materiais.
- **Especular**: destaques especulares.
- **Sombra**: sombras lançadas. É importante se certificar de que as sombras sejam projetadas por suas luzes positivas ou negativas e recebidas pelos materiais. Para usar essa passagem, basta misturá-la e multiplicá-la com a passagem "Diffuse".

- **Emitir:** passagem de emissão.
- **Oclusão de ambiente:** deve estar ativado em seu ambiente, sendo preciso certificar-se de que o "Ray Tracing" está ativado.
- **Meio ambiente:** iluminação do ambiente.
- **Indireto:** passagem de iluminação indireta.
- **Reflexão:** reflexo em espelhos e outras superfícies reflexivas, como pisos brancos altamente encerados.
- **Refração:** refração de cores por meio de malhas transparentes.

No momento em que é ativado um pass, o soquete apropriado no nó de "Camadas de renderização" aparece automaticamente, habilitando seu uso. Para executar a pós-produção aprimorada, é indicado executar o processo de separação de canais, os quais podem ser salvos individualmente em várias extensões de imagens, como JPEG, PNG e Targa.

Os arquivos podem ser salvos separadamente para serem utilizados em programas de compilação de pós-produção. O 3D Max é um exemplo; para efetuar esse procedimento antes mesmo de enviar o arquivo de renderização para o "Backburner" (pacote de renderização baseado em rede), a primeira ação é verificar na janela "Render Setup" se o arquivo de cena está configurado para o processo de renderização de algum tipo de sequência de imagens em extensões como JPEG e PNG.

A tarefa seguinte é escolher, na janela "Configuração de renderização", no campo local de salvamento, uma unidade de rede que esteja compartilhada com todos os computadores, ou seja, nós que terão acesso para visualizar e participar da renderização na rede. Por fim, o computador que está gerenciando pode executar o envio para o *farm* de renderização; assim, cada computador recebe um quadro subsequente da animação para renderização e armazenamento no local de rede compartilhado.

Caso se esteja utilizando o *software* de renderização V-Ray para a separação dos canais, para editar em outros programas específicos de imagens, como Photoshop, com o objetivo de aprimorar os efeitos de iluminação, brilho, cor e até consertar eventuais erros, basta seguir os procedimentos indicados a seguir:

1. Asset Edito;.
2. Aba "Settings;.
3. Render Elements – inserir os canais de *render*.

Efetuando esses procedimentos, basta renderizar e, com a imagem finalizada, basta salvar todos os canais de *render* adicionados separadamente. Para efetuar esse procedimento, seleciona-se item por item na barra lateral esquerda, denominada "Frame Buffer", e depois clica-se no canal escolhido e se salvam as imagens. Essa ação deve ser executada quantas vezes forem necessárias.

> Advertimos que os exemplos práticos apresentados ao longo desta obra, conforme as atualizações dos *softwares* e *hardwares*, podem sofrer alterações de nomes e procedimentos, sendo mais importante conhecer os conceitos e princípios.
>
> Deixamos a você, leitor, o convite de experimentar e se aprofundar no conteúdo. O aprendizado não se encerra aqui. Por isso, procure mais informações nos *sites* oficiais dos fornecedores dos *softwares* e nas principais empresas que trabalham com renderização, como as *render farms*.

SÍNTESE

Neste capítulo, abordamos alguns recursos tecnológicos como a relação dos programas de renderização, os conceitos do uso de *render farms*, os fundamentos para a preparação do *render* para pós-produção e composição, o uso de passes e a separação de canais.

Conforme demonstramos, o mercado dispõe de vários programas de renderização. Além de conhecer esses programas, é importante para os profissionais da área ter noção dos conceitos preliminares de renderização. Ademais, conforme se adquire experiência no uso dos *softwares*, as etapas de renderização passam a ser executadas de forma mais natural.

CONSIDERAÇÕES FINAIS

A renderização não é exclusiva da modelagem em 3D: vinhetas e *motion graphics* desenvolvidos em diversos *softwares* e, até mesmo, filmes *live action* (filmados de maneira tradicional, com atores e cenários) também podem passar por um processo de renderização no momento de sua finalização e de sua conversão em formato de vídeo. Conforme demonstramos, o processo se divide em duas etapas: (1) projeção de cena e finalização do formato digital; e (2) pós-produção e distribuição/exibição.

Essencial na produção de animações digitais, o processo de renderização possibilita transformar modelos geométricos desenvolvidos no computador em imagens. Consiste na projeção do espaço virtual 3D em uma superfície plana, a partir do ponto de vista da câmera e de suas configurações (distância focal, profundidade de campo etc.).

Nesta obra, explicamos como se opera a renderização; a tecnologia subjacente ao processo e a computação envolvida; as principais técnicas desenvolvidas à disposição no mercado; os programas de modelagem em 3D que contam com *render engines* internos; os *softwares* dedicados de *render* e os *renders farms*; e os diversos formatos digitais de imagem e de vídeo. Além disso, apresentamos disciplinas e técnicas de desenvolvimento de imagens digitais: teoria da cor; desenvolvimento correto de materiais e texturas; todo o processo de configuração de câmera e enquadramento; e técnicas e *setups* de iluminação. Indicamos, ainda, como otimizar uma cena, recursos e técnicas de correção, pós-produção e *digital compositing*.

A etapa de pós-produção, conforme demonstramos, é aquela em que imagens digitais produzidas separadamente são reunidas e ajustadas, obtendo-se o resultado planejado. São muito usadas para acréscimos de efeitos visuais a cenas filmadas previamente; ou para, de modo simples, unir um personagem captado em estúdio a um cenário remoto.

Neste livro, oferecemos uma abordagem complexa e, ao mesmo tempo, intuitiva de todo o processo de renderização. Portanto, trata-se de um material concebido para interessados em animação digital, particularmente aquela desenvolvida em ambiente 3D. Nosso intuito foi fornecer uma abordagem introdutória do processo, considerando-se suas técnicas, particularidades e possibilidades.

REFERÊNCIAS

AUMONT, J.; MARIE, M. **Dicionário teórico e crítico de cinema**. 7. reimp. Campinas: Papirus, 2020.

ADOBE CREATIVE. **Adobe Photoshop Cs4 Classroom in a book**: guia de treinamento oficial. Porto Alegre: Bookman, 2009.

BATTAIOLA, A. L. **Apostila do Curso de Computação Gráfica**. São Carlos: Departamento de Computação da Universidade Federal de São Carlos, [S. d.].

BEANE, A. **3D Animation Essentials**. Indiana: John Wiley & Sons, 2012.

BLENDER. **Blender 2.9 Manual**. Disponível em: <https://docs.blender.org/manual/en/2.90/index.html>. Acesso em: 5 jan. 2023.

BROWN, B. **Cinematography**: Theory and Practice: Image Making for Cinematographers and Directors. Oxford: Focal Press, 2012.

CHRISTENSEN, P. H.; JAROSZ, W. The Path to Path-Traced Movies. **Foundations and Trends in Computer Graphics and Vision**, v. 10, n. 2, p. 103-175, 2014. Disponível em: <https://cs.dartmouth.edu/wjarosz/publications/christensen16path.pdf>. Acesso em: 5 jan. 2023.

CORRÊA, R. **Planejamento de propaganda**. São Paulo: Global, 2004.

DOEFFINGER, D. **The Magic of Digital Printing**. Asheville: Lark Books, 2005.

DONDIS, D. A. **Sintaxe da linguagem visual**. 3. ed. São Paulo: M. Fontes, 2007.

EBERT, D. S. et al. **Texturing & Modeling:** a Procedural Approach. 3. ed. Burlington: Kaufmann Publishers, 2003.

FERREIRA, A. B. de H. **Mini Aurélio:** o dicionário da língua portuguesa. 7. ed. rev. e ampl. CURITIBA: Positivo, 2008.

HOFFERMAN, J. The Sound of Animation: an Interview with Normand Roger. **Animation World Network,** Apr. 29, 2008. Disponível em: <https://www.awn.com/animationworld/sound-animation-interview-normand-roger>. Acesso em: 9 jan. 2023.

JENSEN, H. W.; CHRISTENSEN, P. **High Quality Rendering using Ray Tracing and Photon Mapping.** Siggraph, 2007. Disponível em: <https://graphics.pixar.com/library/HQRenderingCourse/paper.pdf>. Acesso em: 5 jan. 2023.

LUPTON, E.; PHILLIPS, J. C.; BORGES, C. **Novos fundamentos do design.** São Paulo: Cosac Naify, 2008.

MARTINS, N. **A imagem digital na editoração:** manipulação, conversão e fechamento de arquivos. Rio de Janeiro: Senac, 2005.

McDERMOTT, W. **The PBR Guide:** a Handbook for Physically Based Rendering. 3. ed. [S.l.]: Allegorithmic, 2018.

McHUGH, S. T. **Understanding Photography:** Master your Digital Camera and Capture that Perfect Photo. San Francisco: No Starch, 2019.

MUNGAN, C. E. **Bidirectional Reflectance Distribution Functions Describing First-Surface Scattering.** Summer 1998. Disponível em: <https://www.usna.edu/Users/physics/mungan/_files/documents/Publications/BRDFreview.pdf>. Acesso em: 6 jan. 2023.

PIETRONI, N. et al. A Survey on Solid Texture Synthesis. **Journal of Latex Files,** Faedo, v. 6, n. 1, p. 1-14, Jan. 2007. Disponível em: <http://vcg.isti.cnr.it/Publications/2010/PCOS10/Survey_Solid_author_version.pdf>. Acesso em: 6 jan. 2023.

SANDLER, M. W; **Photography:** an Illustrated History. New York: Oxford University Press, 2002.

WERNECK, D. L. **Estratégias digitais para o cinema de animação independente.** 240 f. Dissertação (Mestrado em Artes Visuais) – Escola de Belas Artes da Universidade Federal de Minas Gerais, Belo Horizonte, 2005. Disponível em: <https://repositorio.ufmg.br/bitstream/1843/VPQZ-75VP3W/1/daniel_werneck___estrategias_digitais_animacao_independente.pdf>. Acesso em: 9 jan. 2023.

SOBRE O AUTOR

Leandro da Conceição Cardoso é professor e mestre em Tecnologias da Inteligência e Design Digital pela Pontifícia Universidade de São Paulo (PUC-SP) e graduado em Comunicação Social com Habilitação em Design Digital. Docente na Ânima Educacional – Universidade Anhembi Morumbi no curso de Design. É professor da Faculdade de Tecnologia do Estado de São Paulo (Fatec) e do Centro Estadual de Educação Tecnológica (Etec) – Centro Paula Souza – nos cursos de Comunicação Visual, Design Gráfico, Marketing, Eventos, Desenvolvimento de Sistemas, Multimídia, Audiovisual, entre outros, além de coordenador dos cursos de Design Gráfico e Comunicação Visual. Foi docente no Centro Universitário das Faculdades Metropolitanas Unidas (FMU) nos cursos de Design de Interiores, Artes Visuais e Fotografia e analista de desenvolvimento pedagógico sênior na Laureate EAD.

É um dos idealizadores da Maratona de Criação na Etec Albert Einstein. Conteudista, validador, revisor técnico e desenvolvedor de planos de ensino para graduação e pós-graduação de empresas que prestam serviços para diversos clientes, como Ânima Educacional, Centro Universitário Internacional Uninter, Universidade Positivo, Laureate EAD, Kroton, entre outras faculdades e universidades. Foi diretor de arte e criação de empresas diversas e hoje atua também como consultor nas áreas de design gráfico e digital e marketing digital.

Os papéis utilizados neste livro, certificados por instituições ambientais competentes, são recicláveis, provenientes de fontes renováveis e, portanto, um meio responsável e natural de informação e conhecimento.

FSC
www.fsc.org
MISTO
Papel produzido a partir de fontes responsáveis
FSC® C103535

Os livros direcionados ao campo do Design são diagramados com famílias tipográficas históricas. Neste volume foram utilizadas a **Sabon** – criada em 1967 pelo alemão Jan Tschichold sob encomenda de um grupo de impressores que queriam uma fonte padronizada para composição manual, linotipia e fotocomposição – e a **Myriad** – desenhada pelos americanos Robert Slimbach e Carol Twombly como uma fonte neutra e de uso geral para a Adobe.

Impressão: Reproset
Março/2023